OBSERVAÇÃO DE BEBÊS

Blucher

OBSERVAÇÃO DE BEBÊS

Método e aplicações

Organizadora

Neyla Regina de Ávila Ferreira França

Observação de bebês: método e aplicações
© 2019 Neyla Regina de Ávila Ferreira França (organizadora)
Editora Edgard Blücher Ltda.

Imagem da capa: Gustav Klimt, *Baby*, 1917. Wikimedia Commons.

Blucher

Rua Pedroso Alvarenga, 1245, 4º andar
04531-934 – São Paulo – SP – Brasil
Tel.: 55 11 3078-5366
contato@blucher.com.br
www.blucher.com.br

Segundo o Novo Acordo Ortográfico, conforme 5. ed. do *Vocabulário Ortográfico da Língua Portuguesa*, Academia Brasileira de Letras, março de 2009.

É proibida a reprodução total ou parcial por quaisquer meios sem autorização escrita da editora.

Todos os direitos reservados pela Editora Edgard Blücher Ltda.

Dados Internacionais de Catalogação na Publicação (CIP)
Angélica Ilacqua CRB-8/7057

Observação de bebês : método e aplicações / organização de Neyla Regina de Ávila Ferreira França. – São Paulo : Blucher, 2019.

222 p.

Bibliografia
ISBN 978-85-212-1430-4 (impresso)
ISBN 978-85-212-1431-1 (e-book)

1. Psicanálise 2. Mãe e lactente 3. Psiquiatria da primeira infância 4. Bick, Esther, 1902-1983 I. França, Neyla Regina de Ávila Ferreira.

19-0206
CDD 150.195

Índice para catálogo sistemático:
1. Psicanálise

Agradecimentos

À Esther Bick pela criação do método de observação mãe-bebê, que nos proporciona até hoje valiosas contribuições no campo psicanalítico, na formação de jovens analistas e psicoterapeutas, na ampliação do conhecimento de uma etapa tão importante da vida humana e no treino da capacidade de observar.

A todos os autores que colaboraram com seus artigos para que este livro se tornasse possível. À amiga Cristina Maria Cortezzi pelo incentivo para a realização desta publicação. Aos participantes dos grupos que coordenei de observação mãe-bebê, com quem muito aprendi.

À Nilde Jacob Parada Franch, que gentilmente aceitou o convite para escrever o Prefácio do livro. À Mireille Bellelis, que me acompanhou com suas sugestões e experiência na organização deste livro.

Aos meus netos, Téo, Romano, Lorena e Isabel, e aos meus filhos Lucia, Eduardo e Ricardo, que ao longo de seu desenvolvimento muito me ensinaram. A João, meu marido, companheiro de todos os dias.

Neyla Regina de Ávila Ferreira França

Conteúdo

Prefácio   9
   Nilde Jacob Parada Franch

Apresentação   13
   Neyla Regina de Ávila Ferreira França

Parte I: Método

1. Intimidade e observação mãe-bebê   17
   Neyla Regina de Ávila Ferreira França

2. A observação psicanalítica   33
   Alicia Beatriz Dorado de Lisondo

3. Da segunda pele à pele rítmico-psíquica   63
   Ana Belchior Melícias

4. Intimidante intimidade   97
   Ana Belchior Melícias, Henriqueta Maria R. Ginja da Costa Martins e Neyla Regina de Ávila Ferreira França

5. Neutralidade e abstinência na observação de bebês   111
   Paulo Humberto Bianchini, Alfredo José Pasin, Geny Talberg e Maria Teresa Naylor Rocha

6. Da observação à intimidade mãe-bebê   135
   Maria Cecília Pereira da Silva

PARTE II: APLICAÇÕES

7. Observação de bebês (método Bick) como instrumento de formação   163
   Neyla Regina de Ávila Ferreira França e Suzana Grunspun

8. Observação de bebês em UTI neonatal e intervenções pais-bebê   175
   Mariângela Mendes de Almeida, Rayssa Yussif Abou Nassif, Maria Elisangela Nunes Carneiro, Beatriz Len e Cecilia Harumi Tomizuka

9. Um psicanalista na creche   191
   Henriqueta Maria R. Ginja da Costa Martins

10. A observação de bebês em um contexto institucional   211
    Norma Lottenberg Semer

Prefácio

Neste livro, a organizadora Neyla Regina de Ávila Ferreira França, psicanalista, oferece-nos a possibilidade de, em nossa língua materna, entrar em contato com o método proposto pela psicanalista inglesa Esther Bick, assim como com a experiência refletida e suas elaborações, por parte de psicanalistas brasileiros e portugueses.

Considero essa iniciativa muito valiosa; com base nas experiências de mais de três décadas, vários analistas nos dão a conhecer diversas e diferentes aplicações do método.

Na introdução, Neyla salienta a questão da *intimidade* na observação da relação mãe-bebê. Não é difícil de imaginar certo constrangimento inicial quando o observador se coloca nessa relação. Um certo estranhamento se dá, que talvez se aproxime da nova realidade da mãe frente a seu bebê. A intimidade precisa ser conquistada, cuidadosamente, na medida das possibilidades de cada situação.

Outro capítulo também sobre a intimidade nos é apresentado; suas autoras – Ana Melícias, Henriqueta Martins e Neyla França – o intitulam "Intimidante intimidade". Aqui, aborda-se a intimidade no grupo de seminários. Não só a intimidade da relação da mãe, da família com o bebê, mas também a intimidade do observador enquanto tal, que é exposta diante de um grupo que tem, na figura do coordenador, o moderador ou modulador da situação. Novamente, uma situação bastante delicada de exposição da intimidade.

Ana Belchior Melícias apresenta o belo artigo "Da segunda pele à pele rítmico-psíquica"; quando Alicia Beatriz Dorado de Lisondo escreve sobre "O campo observacional no calor das paixões", aborda também o que se passa na intimidade de cada personagem do campo, e entre eles. As paixões humanas diante de nós; nossas emoções em campo aberto!

E então? Como obter a assim chamada "neutralidade e abstinência"? Paulo Humberto Bianchini e colegas nos apresentam suas reflexões sobre o tema.

Maria Cecília Pereira da Silva nos oferece suas reflexões sobre o tema da intimidade na relação mãe-bebê, destacando a disponibilidade e a *rêverie* materna.

No capítulo dedicado às aplicações do método, sua importância é destacada na formação do psicanalista: a espera, a observação atenta, a não intervenção, o controle diante de uma possível intrusividade, são alguns dos aspectos da maior importância no trabalho analítico.

Artigos sobre outras aplicações – como "Observação de bebês (método Bick) como instrumento de formação", de Neyla França e Suzana Grunspun; "Observação de bebês em UTI neonatal e intervenções pais-bebê", de Mariângela Mendes de Almeida et al.; "Um psicanalista na creche", de Henriqueta Maria R. Ginja da Costa

Martins; "A observação de bebês em um contexto institucional", de Norma Lottenberg Semer – transmitem a experiência das autoras sobre a utilização do método em um contexto mais amplo.

O leitor certamente irá se beneficiar muito da oportunidade de compartilhar das experiências e reflexões dos autores.

Boa leitura a todos!

Nilde Jacob Parada Franch

Apresentação

A observação de bebês é uma experiência privilegiada para aqueles que se interessam pelo desenvolvimento psíquico nos seus primórdios e na instauração das relações iniciais entre a dupla mãe-bebê, e é um importante elemento na formação de uma atitude psicanalítica.

Este livro é uma enriquecedora coletânea que apresenta diferentes enfoques, uma diversidade de vivências e pesquisas que ampliam as ideias iniciais de Esther Bick.

Em minha experiência na coordenação dos seminários de observação de mãe-bebê, pude perceber quanto esse método contribui para o desenvolvimento do pensamento e da postura clínica daqueles que se dedicam a esse treinamento. Isso se traduz por uma maior capacidade de continência emocional, uma escuta mais apurada para os fenômenos psíquicos mais primitivos e uma maior compreensão da linguagem pré-verbal. Considero esses elementos essenciais na formação da função analítica, quer no exercício clínico com adultos, crianças ou adolescentes, como, também, para os diversos profissionais que trabalham no atendimento de bebês nos hospitais, em intervenções pais-bebês e na infância em seus diversos setores.

Abre-se uma porta para a pesquisa sobre a complexa experiência de gravidez, parto e nascimento – situações da vida humana que são mobilizadoras de fantasias e intensas ansiedades.

O objetivo desta publicação é ressaltar os múltiplos aspectos da experiência da observação em seus desdobramentos teóricos e clínicos. O leitor encontrará capítulos em que a abordagem é sobre a questão da formação da mente do psicanalista, como concebeu Bick na Clínica Tavistock, em Londres, quando elaborou o curso para a formação de psicoterapeutas. Os outros capítulos são dedicados à aplicação do método em diversas áreas, como pesquisa, creche, UTI neonatal, gravidez etc.

Esperamos que a leitura deste possa contribuir para todos que se interessam por essa etapa da constituição da mente humana, que tanto nos surpreende com seus mistérios a serem desvendados.

Neyla Regina de Ávila Ferreira França

PARTE I
Método

1. Intimidade e observação mãe-bebê

Neyla Regina de Ávila Ferreira França[1]

Introdução

Neste capítulo, quero salientar a questão da intimidade e como ela pode ser percebida nos três momentos da observação: na dupla mãe-bebê, no observador enquanto participante dessa intimidade e no trabalho desenvolvido nos seminários de supervisão.

Esther Bick, nas entrelinhas de seus artigos ou na descrição de observações, não salientou essas questões explicitamente, mas penso que ela tinha em mente estar lidando com a intimidade da relação inicial e valorizava esse trabalho como fator de desenvolvimento da capacidade clínica. Ela considerou essa atividade muito importante para a formação de futuros psicoterapeutas/psicanalistas e mostrou como a participação na intimidade, tanto da dupla

---

1 Pedagoga e psicóloga, membro efetivo e analista didata da Sociedade Brasileira de Psicanálise de São Paulo (SBPSP). Psicanalista de crianças e adolescentes. Docente do Instituto de Psicanálise "Durval Marcondes" (SBPSP). Coordenadora do Curso de Observação da Relação Mãe-Bebê segundo o Método Bick (SBPSP).

como das reações que ocorrem no observador, propicia um trabalho interno para o seu desenvolvimento. É também a oportunidade para acompanhar como se estrutura essa relação inicial; uma das tarefas do observador será lidar com suas próprias ansiedades, às vezes sem nome, e a mobilização de vivências primitivas.

O método

Bick deu ênfase à observação de bebês como instrumento de formação, um método que inclui, como objeto de estudo, os pensamentos, emoções e sentimentos experimentados pelo observador.

A palavra observação pode, num primeiro momento, parecer se afastar da proposta da psicanálise, que se propõe a uma escuta, captação do latente e verbalização por meio da interpretação. No entanto, ao privilegiar toda captação emocional que ocorre entre mãe-bebê e as vivências do observador com sua contratransferência e sua *rêverie* (Bion, 1962/1991) que lhe permitem captar as manifestações de estados emocionais muito primitivos, não verbais, temos um trabalho baseado nos princípios psicanalíticos, porém diferente daquele realizado nos consultórios.

Existem diferentes formas de observação, como a psicanalítica, sem hipótese a ser comprovada, ou outras formas experimentais.

A observação de bebês segundo o método Bick não é uma atividade experimental, mas formadora de uma atitude psicanalítica; sem uma hipótese a ser comprovada, trabalha com conjecturas baseadas no que é observado, permitindo uma compreensão do psiquismo em *status nascendi*.

Autores como Ogden e Bion (1962/1991) privilegiam a capacidade de sonhar do analista como meio de captar e se aproximar de situações emocionais tão primitivas e, por vezes, sem palavras.

Nesse sentido, a observação é um campo de treinamento de capacidades essenciais ao exercício da função psicanalítica. Podemos dizer que aqueles que passam por essa experiência adquirem maior capacidade para compreender estados muito primitivos da mente e condições de trabalhá-los com seus pacientes em seus consultórios, sejam adultos ou crianças.

O trabalho de observação de bebês consiste em observar uma dupla mãe-bebê semanalmente, nas condições habituais em que vive a família, durante o período mínimo de um ano. Bick preconiza que o relato das observações seja o mais fiel possível de tudo o que se passou. Como diz Shuttleworth:

> *esse material envolve uma complexa mistura de descrições de ações e experiências da mãe e do bebê, intercalada com preocupações e diálogos entre adultos, atividade dos irmãos e fenômenos socioculturais amplos.* (1997, p. 17)

O método de Bick inclui o observador como elemento fundamental, o que o diferencia de outros estudos referentes ao desenvolvimento do bebê. O *observador está dentro do campo* e deve observar tudo o que ocorre da forma mais minuciosa possível: fatos, impressões, sentimentos mobilizados, fantasias, modificações corporais etc. A escrita e o posterior relato nos seminários permitem que sensações e emoções ganhem representatividade e possam se tornar pensamentos. Bick deixou claro que a observação é muito rica em si e que o observador deve ter uma postura fundamental de despojar-se das teorias enquanto a realiza.

Complementando esse ponto de vista, Inglez de Souza (2003) salienta que a observação da relação mãe-bebê focaliza particularmente dois pontos que interagem: aquilo que é observado (a dupla mãe-bebê) e o instrumento de observação (constituído pela mente do observador). Durante todo o trabalho, esses dois elementos sofrem alterações. Na minha experiência, a observação não visa a qualquer intervenção ou proposta de orientação à dupla, no entanto, pode trazer benefícios e modificar a conduta da mãe, que se sente acolhida e contida, tornando-se mais atenta ao seu bebê, percebe melhor as mudanças dos estados mentais e os contém. Por meio desse trabalho, a mãe desenvolve sua capacidade de observar e pensar.

A psicanálise, hoje em dia, considera a situação analítica como um interjogo de subjetividades. Na observação de bebês, há uma interação dos elementos envolvidos, e é impossível ter neutralidade absoluta. É recomendado que o observador deixe de lado suas teorias para se aproximar do campo de observação e criar um espaço para suas conjecturas sobre os movimentos da dupla. É importante que perceba seus próprios sentimentos.

Muito se tem escrito sobre a importância dessa atividade como instrumento de ensino e como formadora de uma atitude psicanalítica (Ungar, 2000; Mélega, 1987; Lartigue, 1999; Inglez de Souza, 2003). A observação de bebês contribui para desenvolver a compreensão da linguagem não verbal e da formação dos vínculos desde o início e, assim, desenvolver a capacidade de observar com base na experiência, em vez de se ater a conhecimentos já saturados.

O objeto da observação é complexo, envolve a experiência emocional do bebê, da mãe e sua relação nessa nova função, e a experiência emocional do observador frente a todos esses objetos ou elementos.

Houzel (2010) realça, nesse método, a importância de certas qualidades do objeto continente, como: atenção, disponibilidade, mente receptiva.

No método psicanalítico, não temos uma ideia a ser comprovada, mas uma reunião de elementos observados com base nos quais construímos o que chamamos de conjecturas psicanalíticas, que poderão, ou não, ser confirmadas.

Nesse método, reunimos todos os dados apreendidos pelos órgãos dos sentidos, como emoções e fantasias captadas pela mente receptiva continente, que as processa de forma consciente e inconsciente. O observador escreverá suas vivências com base nessas experiências e as levará para as discussões nos seminários. Para elaborar as conjecturas, o observador utiliza conceitos psicanalíticos fornecidos por recursos teóricos para suas reflexões e discussões sobre o material observado e apresentado. (Ungar et al., 2001).

Intimidade e a observação

Trabalhos sobre intimidade eram pouco presentes na literatura psicanalítica até poucos anos atrás. Nos últimos tempos, porém, vem surgindo um interesse pelo tema, principalmente entre psicoterapeutas e psicanalistas que trabalham com terapia de família e procuram entender essas complexas relações que envolvem intimidade e proximidade, como a relação de casais e a de pais e filhos (Chevalérias, 2003).

Podemos pensar que em todos os seres humanos encontramos dois níveis de intimidade. No primeiro, podemos dizer que intimidade é tudo aquilo que se refere a si mesmo, aquilo que há de mais secreto, privado e pessoal; e no segundo, parte dessa intimidade é compartilhada com o outro, estabelecendo relações de proximidade.

Para compreendermos como se forma a intimidade, temos que examinar sua construção na história do desenvolvimento de todo ser humano.

O bebê, no início da vida, é um ser completamente desamparado e dependente de outro para sua sobrevivência. Seu psiquismo também é muito precário, e é na relação com o outro, em especial com a mãe, que ele irá se constituir.

Essa relação inicial mãe-bebê é de proximidade, fusão e intimidade. É com base nessa primeira experiência que se dá a separação e a constituição da subjetividade.

Darchis chama a atenção para a situação inicial da vida do bebê, na qual ele participa de forma fusional com o grupo familiar e, mais particularmente, com a mãe; esse estágio a autora chama de intimidade primária, e toda a comunicação do bebê se dá num nível pré-verbal (2003). Winnicott chamou essa situação inicial de período da ilusão, no qual predomina uma fusão mãe-bebê e o sentimento de onipotência, estágio necessário para que o bebê crie condições, no futuro, para suportar a separação. No segundo momento, denominado por Winnicott de período da desilusão, inicia-se a percepção do outro e começa a haver uma diferenciação e uma diminuição da onipotência (1971/1985). Nesse ponto, as ideias de ambos os autores, sobre o desenvolvimento inicial, se aproximam.

Buscamos, ao longo da vida, relações familiares, ou íntimas, que, no fundo, reportam à primeira relação infantil: a relação materna. Precisamos, também, criar um espaço psíquico só nosso. No início, a mãe e o bebê estão fusionados, indiferenciados, um estágio que deveria durar um curto espaço de tempo. Gostaria aqui de lembrar a importância que Winnicott dá à capacidade de ser só como sinal de amadurecimento e, portanto, de construção de um mundo interno, de uma intimidade, algo próprio e pessoal que constitui o si mesmo. A aquisição da capacidade de se separar é um processo gradativo.

A experiência do íntimo é possível graças à aptidão de se separar (Darchis, 2003). Portanto, a intimidade delimita o espaço psíquico interno e está ligada à capacidade de se separar. Intimidade e subjetividade são termos que se aproximam. A separação possibilita a construção de um eu e de uma subjetividade.

A qualidade dessa primeira relação de intimidade permite, no futuro, o encontro com o outro: a construção de um tipo de vínculo profundo e de proximidade que permite estabelecer uma relação entre duas pessoas, por exemplo, o amigo íntimo. Esse compartilhamento da intimidade determina relações de trocas profundas, em que o outro tem acesso a uma parte do mais secreto, do íntimo do outro.

Na observação mãe-bebê, temos a oportunidade de conhecer e participar dessa intimidade inicial e de acompanhar todo esse desenvolvimento. O observador tem o privilégio de aprender sobre as relações iniciais e sobre os estados primitivos da mente.

A intimidade da dupla mãe-bebê e o observador

Se a gravidez confronta a mãe com sua própria vivência de ter sido ela mesma um bebê, a observação, da mesma forma, leva o observador ao reencontro com suas vivências primárias. Ele passa por um processo de imersão na intimidade da dupla mãe-bebê e, ao mesmo tempo, necessita criar um espaço para estabelecer seu papel de observador. Essa dupla condição requer um trabalho de elaboração interna, é assaltado por muitas fantasias: ser invasivo, não poder retribuir a colaboração prestada pela mãe, não ser capaz de permanecer numa posição receptiva sem agir (Mélega, 1987).

Tais fantasias são comuns entre aqueles que iniciam o trabalho de observação. No entanto, tenho visto, nos seminários, que o principal temor é o de se aproximar e participar dessa relação de intensa intimidade e que mobiliza questões de sua própria intimidade primitiva. Medo de viver fantasias tão primitivas durante esse trabalho e que, muitas vezes, são verbalizadas em questões mais conscientes, do tipo: *Serei aceito? Vou conseguir me conter?*

O observador enfrenta uma situação diferente daquela de seu cotidiano profissional, pois não está em seu *setting* habitual no qual é procurado, nem, tampouco, tem o amparo de teorias, técnica e interpretação. Despojado de suas teorias, é convidado a viver uma experiência nova na qual deve observar todos os detalhes sem ter a preocupação de teorizar ou julgar. Ele é lançado num ambiente no qual é ele quem procura a família e entra na sua intimidade, o que é diferente de sua tarefa profissional.

Penso que Prat resume com clareza essa situação mobilizadora de muitas angústias para aqueles que se iniciam nesse método:

> *é uma situação peculiar em que o observador, despojado de seus modelos habituais de relacionamento e de seus esquemas de pensamento, entra semanalmente na intimidade de uma família, sem que se trate de uma visita social.* (1992, p. 132)

Aos poucos, o observador se tranquiliza e constrói seu espaço interno, sentindo-se mais livre e, em consequência, mais atento e receptivo aos sentimentos que envolvem essa complexa situação inicial. A situação de perplexidade inicial se transforma, ele se tranquiliza e torna-se mais apto a realizar seu trabalho: observar.

O observador sente que o método da observação visa criar um estado de mente que propicia uma ampliação na captação dos fenômenos inconscientes sem a necessidade de intervenção durante o processo. Precisa estar atento a tudo que acontece e se abster de selecionar o material observado ou se deixar levar pelas ideias teóricas.

Um estado de tensão mental poderá ser mantido até que o observador sinta algum significado emergir e, assim, terá acesso às palavras que nomearão os fenômenos observados. Ele cria, aos poucos, um estado de mente mais livre e amplia sua condição interna de captar os fenômenos inconscientes que serão melhor compreendidos, posteriormente, nas discussões do grupo.

O observador se utiliza de um tipo particular de receptividade em que as informações são captadas pela emoção, imaginação e processos de pensamentos, simultaneamente consciente e inconsciente, mantendo uma habilidade para tolerar a ausência de significados ou uma incompreensão dos fenômenos apreendidos. Houzel (2010) chama de mente receptiva a capacidade do observador de captar os fenômenos inconscientes e primitivos da dupla mãe-bebê.

Essa atitude do observador constitui um espaço para se projetar sentimentos, fantasias e angústias. Segundo Houzel, essa é uma função de *rêverie* não interpretativa. Bion também salientou o papel da *rêverie* materna no sentido de acolher as angústias do bebê, metabolizá-las e devolvê-las de tal forma que a mente rudimentar do bebê possa contê-las. Umas das contribuições que a observação proporciona à mãe é que o observador funciona como receptor das angústias e as contém em sua mente por meio de sua *rêverie*, fazendo um trabalho semelhante ao descrito por Bion quando trata da função materna.

A proximidade com a relação de intimidade pode causar defesas no observador como aquelas que observamos nas mães nos momentos de muita intimidade e proximidade, como na hora da amamentação, em que se afastam do contato íntimo com o bebê e passam a se interessar por conversas, pela TV ou pelo celular. Cito o exemplo de uma mãe que tinha por hábito assistir a um filme de terror toda vez que ia amamentar, cujo conteúdo angustiava a observadora e a deixava perplexa.

Com o observador pode ocorrer algo semelhante, que o leva a desviar seu foco na dupla; ao distrair-se ou prestar atenção a detalhes, deixa de observar o que ocorre naquele momento entre a mãe e o bebê. Esse desvio constitui uma defesa contra angústias que estão sendo mobilizadas. Por exemplo, um observador que, na sua primeira visita, descreveu em detalhes a decoração do quarto, esquecendo-se do bebê e da mãe.

Durante as observações, é possível ver as reações do bebê provocadas pelo afastamento da mãe na relação. Bebês interrompem a mamada, esperneiam ou mesmo choramingam quando a mãe se afasta e quebra a ligação de intimidade.

O observador pode ser tomado por ansiedades, medos, preocupações com o bebê, sensações de desconforto sem causa aparente, mobilizadas não de forma consciente. Prat chama a atenção para estados de apreensão, inquietude e dúvidas que assaltam observadores mesmo sendo profissionais experientes. Cita também manifestações corporais, que são compreendidas como descargas motoras não organizadas de angústias e tensões que são projetadas e captadas pela mente do observador (1992).

A intimidade e o grupo de seminários

As reuniões do grupo de observadores com o coordenador são semanais com o objetivo de acompanhar as observações e discutir o material colhido. O grupo procura compreender o que ocorre na relação mãe-bebê, faz conjecturas psicanalíticas sobre o que ocorre na dupla, observa e trabalha os sentimentos que foram mobilizados no observador durante o encontro.

Assim como a família se prepara para receber o bebê, o grupo e o observador também o aguardam. No início, há uma apreensão em relação ao fato de conseguir um bebê para ser observado. Durante esse período inicial, os participantes tomam contato com o método, com a técnica e com suas fantasias em relação à nova tarefa. Todos estão mobilizados para encontrar uma família com um bebê que se disponibilize a receber um observador por um período que pode variar de um ano a até um ano e meio. Alguns observadores têm mais dificuldades em encontrar um bebê do que outros. Haverá resistências? Angústias que precisarão ser superadas? Nesse momento, o grupo funciona como continente das dificuldades, possibilitando que estas sejam trabalhadas e elaboradas para o prosseguimento da tarefa de observação proposta.

Os participantes do grupo dão início às observações, momento que é também gerador de ansiedades, e o papel do coordenador e do grupo é de continência para receber e trabalhar as dificuldades e fantasias que se apresentam nas primeiras observações, sendo que a principal diz respeito à construção de seu papel de observador e sua relação com o grupo. Assim, coordenador e observadores desenvolvem uma relação de intimidade durante o trabalho de acompanhamento das mães e de seus bebês junto às famílias.

É importante salientar que o coordenador participa e é afetado nas trocas íntimas com os diversos membros do grupo de seminário; dessa maneira, também participa da intimidade do grupo e da família, o que é necessário para facilitar a captação do que ocorre nas observações e de como o grupo está funcionando. Precisa também estar atento para captar e trabalhar situações quer individuais ou fenômenos de grupo para dar uma continuidade aos seminários de forma criativa e produtiva.

A conduta do coordenador deve ser firme e delicada, cuidando para que o foco da observação se mantenha e facilite o desenvolvimento e o crescimento do grupo. É uma situação diferente da situação da clínica, na qual utilizamos a interpretação. A sua função é ajudar os observadores a suportar o desconhecido e construir um espaço para conter as ansiedades, como: ter necessidade de uma atitude ativa para resolver os problemas da mãe e de seu bebê; querer orientar as famílias ou até rivalizar com a mãe, criticando-a. O clima de intimidade da situação de observação revela as características da personalidade de cada observador; ter uma conduta mais intervencionista ou permanecer numa atitude continente, mobilizar rivalidades quer com a mãe, quer com elementos do grupo etc.

Podem ocorrer situações que comprometem o próprio método e o andamento dos seminários. Nesses casos, o papel do coordenador é fundamental, seu conhecimento tanto das dinâmicas pessoais como das de grupo e sua experiência permite-lhe manejar tais situações, ou mesmo, em casos extremos, orientar o participante a interromper o trabalho. Esses casos são raros, principalmente quando trabalhamos com pessoas mais experientes e que já passaram por um processo de análise. O mais frequente é algum participante apresentar dificuldade em conseguir um bebê para observar e interromper o trabalho, retornando em outro momento.

A situação de contato com intimidade da dupla mãe-bebê e as discussões nos seminários promovem o desenvolvimento do observador e do grupo. O fato de o observador partilhar com o grupo, numa situação de intimidade, seus sentimentos, sensações e sonhos é de grande valia para o desenvolvimento de todos, ajuda os participantes a ampliarem o conhecimento de como se forma o psiquismo e a importância de um ambiente acolhedor, capaz de ajudar a digerir as ansiedades primitivas e, pouco a pouco, torná-las elementos úteis para pensar.

O coordenador necessita conhecer as dinâmicas de grupo para apreender e lidar com fenômenos que surjam no decorrer da experiência, a fim de que haja crescimento do trabalho do grupo e de todos os seus integrantes.

Conclusão

Sabemos como essa experiência tem sido muito enriquecedora na formação de futuros psicoterapeutas/psicanalistas capacitando-os para a sua função clínica, tornando-os mais continentes, sensíveis e capazes de compreender comunicações não verbais.

Essa experiência possibilita ao observador confrontar o bebê idealizado com o bebê real e observar a trajetória do desenvolvimento da mente humana e das relações iniciais, bem como as adaptações que tanto a mãe como o bebê fazem durante esse caminho que trilham juntos.

A observação é, portanto, para o futuro psicanalista, como pensou Bick, um instrumento muito rico para sua formação, o que levou alguns autores a considerarem essa experiência como o quarto elemento da formação, ao lado da análise, dos cursos e da supervisão, o chamado tripé da formação.

Referências

Bick, E. (1967). Notas sobre la observación de lactantes en la enseñanza del psicoanálisis. *Rev. de Psicoanálisis, 24*(1), 97--115. (Trabalho original publicado em 1964).

Bion, W. (1975). *Experiências com grupos*. Rio de Janeiro: Imago. (Trabalho original publicado em 1968).

Bion, W. (1988). *Estudos revisados (Second thoughts)*. Rio de Janeiro: Imago. (Trabalho original publicado em 1967).

Bion, W. (1991). *O aprender com a experiência*. (P. D. Corrêa, trad.). Rio de Janeiro: Imago. (Trabalho original publicado em 1962).

Chevalérias, M. P. (2003). Intimité et lien intime (Intimidade e vínculo, S. M. Gonçalves, trad.). *Le Divan Familial, 2*(11), 11-23.

Correa, M. J., Ungar, V., & Zac, C. H. (2010). *La transferencia y en rol del observador en el método Bick*. Painel apresentado no XX Congresso da Federación Psicoanalítica de América Latina (Fepal), Bogotá, Colômbia.

Darchis, E. (2003). Aux sources de l'intimité (As fontes da intimidade, J. B. N. França, trad.). *Le Divan Familial, 2*(11), 87-101.

Daws, D. (2001). Les dangers de l'intimite: proximité et distance au cours de l'alimentation et du sevrage. *Medicine & Hygiène, 1*(13), 7-30.

França, N. R. F. (2010). *Comentários sobre o painel "La transferência y el papel del observador en el método Bick"*. Apresentado no XX Congresso da Federación Psicoanalítica de América Latina (Fepal), Bogotá, Colômbia.

França, N. R. F., & Grunspun, S. (2005). *Facetas da observação*. Trabalho apresentado no XX Congresso Brasileiro de Psicanálise: Poder, Sofrimento Psíquico e Contemporaneidade, 2005, Brasília, Brasil.

Grunspun, S. (2003, 14 de agosto). *Observando a observação de bebês*. Trabalho apresentado em reunião científica da SBPSP.

Houzel, D. (1997). Observação de bebês e psicanálise, ponto de vista epistemológico. In M.-B Lacroix, e M. Monmayrant (Orgs.), *Observação de bebês: os laços do encantamento* (pp. 87-94). Porto Alegre: Artes Médicas.

Houzel, D. (2010). Infant Observation and the Receptive Mind. *Infant Observation*, 13(2), 119-133.

Inglez de Souza, M. (2003). *Observação de bebês, sua contribuição para a formação do psicanalista*. Trabalho apresentado no VI Encuentro Latino Americano de Institutos de Psicoanálisis, Santiago, Chile.

Klein, M. (1985). Sobre a observação do comportamento de bebês. In M. Klein, *Inveja e gratidão e outros trabalhos*. Rio de Janeiro: Imago. (Trabalho original publicado em 1952).

Lartigue, T. (1999). Relevância para el psicoanálisis de la observación de bebés. *Cuadernos de Psicoanálisis, 32*(1-2).

Mélega, M. (1987). Observação da relação mãe-bebê, instrumento de ensino em psicanálise. *Revista Brasileira de Psicanálise*, 21(3), 309-327.

Prat, R. (1992). O diálogo das emoções (N. P. Franch, trad.). *Jornal de Psicanálise*, 25(48), 129-158.

Rustin, M. (2000). Que vemos en la nursery? La observación de lactante como trabajo de laboratório. *Revista Internacional de Observación de Lactantes*, 1, Fundación Kamala.

Shuttlewort, J. (1997). A importância do desenvolvimento do controle metacognitivo sobre as representações mentais para o desenvolvimento pais-bebês. In M. P. Mélega, *Tendências: observação da relação mãe-bebê método Esther Bick* (pp. 15-34). São Paulo: Unimarco.

Ungar, V. (2000). *Os fundamentos teóricos en el método de observación de bebés de Mrs. Bick*. Buenos Aires. (Apostila).

Ungar, V. et al. (2001). *La observación de bebés y la identidad psicoanalítica*. Apresentação no Departamento de Niños y Adolescentes, Asociación Psicoanalítica de Buenos Aires (APdeBA), Buenos Aires, Argentina.

Winnicott, D. W. (1985). Transitional Objets and Trasitional Phenomena. In D. W. Winnicott, *Playing and Reality* (pp. 1-30). London: Pelican. (Trabalho original publicado em 1971).

2. A observação psicanalítica: instrumento privilegiado na construção da identidade analítica. Os vértices de Bick, Bion e Meltzer

Alicia Beatriz Dorado de Lisondo[1]

> *O problema que parece ser extremamente importante, penso, mais importante todos os dias, é de observação... Não conheço nenhum trabalho científico que não se baseie na observação.*
>
> Bion, 1978/1990b, pp. 39-40

Introdução, a observação[2]

A observação é um instrumento do método científico. A especificidade da observação psicanalítica é precisamente o reconhe-

---

1 Psicóloga, membro efetivo e analista didata da Sociedade Brasileira de Psicanálise de São Paulo (SBPSP). Docente do Grupo de Estudos de Psicanálise de Campinas (GEPCampinas). Coordenadora do Curso de Observação da relação mãe-bebê segundo o método Bick (SBPSP). Cocoordenadora do Grupo de Adoção e Parentalidade. Coparticipante do Grupo de Pesquisa sobre Autismo (GPPA Protocolo Prisma).
2 Observação: 1) Olhar atento sobre qualquer coisa ou pessoa. 2) Análise detalhada por instrumentos adequados. 3) Exame minucioso de fenômenos ou fatos físicos ou morais. (*Dicionário Michaelis*).

cimento da presença do inconsciente em relação dialética com a consciência, em todos os protagonistas do campo observacional.

Freud (1893/1976b) apreciou as lições de seu professor, Charcot, em Salpêtrière, que o influenciaram ao longo de sua vida. O mestre relata que o professor francês costumava olhar repetidas vezes as coisas que não conhecia, dia após dia, até que, de repente, o entendimento fosse aberto. Ele repetiu isso novamente em 1914 e em 1924.

O criador da psicanálise já nos tinha advertido, também, que a teoria é boa, mas isso não impede que as coisas sejam como elas são (Freud, 1893/1976b).

Ressalto, nessas citações, a capacidade de tolerar o desconhecido, para que o *novo* possa aparecer. Esse é o espírito do fundador da nossa ciência que, usando a observação como ferramenta, não se acomoda ao que já é conhecido.[3] Cito como exemplos o abandono da hipnose e da teoria da sedução; a criação da teoria estrutural ao observar sua clínica; a reformulação da teoria da angústia; e assim por diante, até o final de sua vida, em 1938, no "Esboço da psicanálise". Sua obra é inacabada. Ele teve a coragem de constantemente revisitar e mudar hipóteses de seu arcabouço teórico. O criador do método não deixa dúvidas de que a própria análise do observador é fundamental.

Freud também adverte sobre o uso perigoso que pode ser feito da teoria, tema muito explorado por Bion.

Neste trabalho, inspiro-me no método de observação de bebês de Esther Bick (1962, 1964); as contribuições de Bion (1965, 1977) sobre sua teoria da observação; e as contribuições de Meltzer

---

[3] Freud (1937/1976d) nos adverte sobre a importância técnica de alcançar as configurações do ICC, estrutural, não verbalizado e nunca reprimido porque são anteriores à repressão (Marucco, 1998).

(1975b) em sua pesquisa sobre o autismo, exemplo da contribuição da observação psicanalítica.

O método

Rezende (2014) afirma que a etimologia da palavra "método" vem dos *metahodos* gregos. *Hodos* significa estrada. A poesia de Antônio Machado (1901) nos lembra: "Caminhante, não há caminho, se faz caminho ao andar...".

Tanto a etimologia como a poesia nos alertam sobre os perigos das predeterminações; as posições rígidas, dogmáticas, unívocas; as certezas que abortam a psicanálise na sua essência. A capacidade negativa (Keats, 1817/1970) é a nossa melhor aliada para tolerar dúvidas, mistérios e incertezas. Heidegger complementa essa afirmação quando nos adverte que a verdade nos dá as costas. Com humildade, nos aproximamos dela, sem nunca tê-la na palma da mão.

O método de observação de bebês Esther Bick

O método de observação de bebês criado por Esther Bick (1962, 1964), é uma experiência de treinamento que visa aprimorar o instrumental psicanalítico e a capacidade de observação nos analistas em formação.[4] A inspiração surgiu com base nas dificuldades apresentadas pelos pretendentes no exercício da profissão impossível, no contato e na compreensão de suas próprias emoções (Nemas &

---

4 A autora (1964) valida o método na formação do pensamento científico e ainda afirma que observar e pensar constituem uma unidade inseparável. O método ensina a prosseguir com prudência e a confiar na validação ou refutação das hipóteses nas seguintes observações. Os padrões de comportamento são delineados, padrões de invariância, bem como as mudanças.

Urman, 2012), e na turbulência emocional em si (Harris, 2012). Esse método é uma ferramenta útil para auto-observar e registrar os próprios estados mentais convocados na intensa experiência da observação.[5]

A observação de bebês consiste na prática semanal da trilogia de Magagna e Juárez (2012): 1) observação do ambiente familiar no campo observacional; 2) a narrativa no relatório; 3) a elaboração da experiência nos seminários semanais, observando uma criança durante os dois primeiros anos de vida, sem honorários.

O campo observacional no calor das paixões

O analista tem, na observação de bebês, uma experiência análoga e diferente da sessão analítica.[6]

Construção e reinstauração do *setting*, condição para o trabalho[7]

A vibração do *setting* é uma forma de dizer o indizível na linguagem verbal (Bleger, 1967). Nas suas alterações, os níveis primitivos da mente se incrustam.

---

5 Não é possível conceber o método de observação de bebês de Esther Bick sem o trabalho nos três momentos.
6 Esther Bick enfatizou que a interpretação é o último passo de um longo processo. A observação é anterior, simultânea e posterior à interpretação.
7 O *setting* condensa espaço e tempo: visitas domiciliares, com duração de uma hora, por um período mínimo de um ano. Importa explicar aos pais que a experiência de Observação de Bebês (OB) é necessária para o treinamento profissional do analista. Não é preciso fazer anotações durante a reunião, de modo a não interferir na necessária atenção qualificada, nem gravar. A narra-

Para Green (2000), o enquadramento é o eixo terciário, um estado de transição. O trabalho psíquico do analista é uma fonte de imaginação criativa nesse espaço, relativamente constante, guardiã do trabalho.

Muito além do nível manifesto, na fronteira com a realidade – tempo, espaço, frequência –, o *setting* condensa uma polissemia de sentidos metapsicológicos. É importante manter a vivacidade da curiosidade e não a resposta que mata o espírito de indagação. Por que, nesse momento do processo, a família quer mudar o cronograma das reuniões? Ou cancelar observação nesse dia? Ou, em uma atitude radical, interromper a experiência; ou alterar o local de encontros? (Caron & Sobreira Lopes, 2014).

Vale também a indagação quando o candidato é quem muda o *setting*. A alteração no campo observacional pode provocar tremores no relacionamento.

A escuta na transferência

Na observação de bebê, não há interpretações verbais. Entretanto, a presença de transferência e contratransferência é inevitável.

A contratransferência é inconsciente, mas aparece por meio dos derivados do inconsciente: lapsos, atos falhos, sonhos, somatizações, sintomas. Importa criar um espaço interno para a continência das diferentes vozes – metáfora sinfônica polifônica (Bollas, 2007) –, com suas melodias, ritmos, entonações e tons musicais dentro de si. Também para escutar as infinitas vozes do silêncio.

---

tiva da experiência nunca será um calco do vivenciado. Nessa abertura, o Inc. aflora (Moreno, 2016). O *setting* cria espaço para o inesperado.

Comunicação inconsciente

O observador oferece sua mente tão analisada quanto possível, permeável ao seu inconsciente, capaz de realizar o trabalho do sonho alfa (Bion, 1992), que permite a assimilação das experiências emocionais. As impressões sensoriais se transformam em pictogramas, em linguagem pré-verbal, em compreensão e *après-coup* na narrativa escrita. Sonhar permite digerir e é uma aproximação da verdade (Cortiñas, 2011).

Freud, em 1923, nota a importância de aprender o curso do inconsciente do paciente com o inconsciente do analista. Para Bollas (2007), o principal agente de trabalho da psicanálise é o inconsciente. Trabalho entre inconscientes, no par analítico.

Essa ideia já está presente em Freud (1913/1976l, p. 135), no início do tratamento, quando afirma: "E, enquanto eu escuto [o paciente], eu mesmo me abandono ao curso de meus pensamentos inconscientes".[8]

A comunicação de inconsciente a inconsciente está relacionada com a telepatia (Moreno, 2016), o transcorrer conectivo e o entrelaçamento[9] – fenômeno estudado pela física quântica (Stitzman, 2011).

Na lógica sequencial, ao perceber as ligações inconscientes das diferentes narrativas em zigue-zague e as articulações com a experiência emocional, os significados emergem. Eu cito como exemplo o comentário de Javier, de 2 anos, na penúltima observação:

---

8   Tradução livre da autora.
9   *Entanglement*: um estado influencia o outro simultaneamente, sem que medeie comunicação entre eles. As influências se propagam, mesmo em sistemas separados.

Javier pergunta à mãe sobre a argolinha em seu dedo. A mãe responde que é a marca do casamento. "Papai também tem uma no dedo dele". Ele pergunta: "o que é um casamento?". A mãe, atônita, responde que é quando um homem e uma mulher se amam e decidem viver juntos. Ele coloca a argola da mangueira no dedo da observadora, a retira e a coloca no seu dedo.

Antes da despedida dessa observação, Javier desarma os quebra-cabeças previamente armados e esparrama as peças. A mãe se enfurece com a bagunça. A observadora comunica que pode postergar a data do encerramento da observação.

No seminário, foi possível à observadora perceber tanto o impacto de sua presença na família quanto as consequências do fim da observação. Também as dificuldades para conter a dor mental. A mãe enfurece-se ao perder a continência da função observacional? Sente-se desprotegida? A criança vive a separação como uma rejeição? Ela ficará mentalmente em desordem? Javier é capaz de expressar a dor ante a separação, em vez de negá-la. Ele adverte o que pode sentir ante a possível separação dos pais, tema sempre anunciado, agora presente na transferência?... Que desordem é essa? Quais os sentidos e as implicâncias no campo dessa atuação, dessa alteração do *setting*?

Desenvolver a capacidade intuitiva

A intuição é a capacidade de observar o que é invisível aos sentidos. Ela exige contato com as emoções; é uma receptora distante e está relacionada ao julgamento correto, à percepção emocional e à inteligência. A observação de bebês permite o seu desenvolvimento. A atenção flutuante de Freud, o trabalho de sonho alfa, a capacidade negativa, as recomendações técnicas de Bion permitem a captura intuitiva do fato selecionado.

A observação de bebês ajuda a esculpir a postura analítica. Nela, estão presentes a capacidade de indagar e descobrir, assim como a elaboração de conjecturas racionais e imaginativas. A tolerância à frustração e à modulação da dor mental contribuem para criar o equipamento básico para o desenvolvimento da função psicanalítica da personalidade.

A intuição pode ser danificada pela intrusão de memória, desejo ou compreensão. A disciplina analítica, permanente, duradoura e contínua, permite vitalizar a intuição para alcançar a possível liberdade em relação às opacidades. Quanto mais o analista se livrar dessas opacidades, mais ele poderá ser ele mesmo e realizará sua identidade analítica.

Registro escrito da experiência

A experiência da escrita na observação de bebês é análoga à escrita da sessão analítica. A folha em branco ou a tela do computador são continentes potenciais da experiência. Esse registro é uma criação, uma obra de elaboração do autor, sempre imperfeita em sua essência. Nunca será uma fotocópia exata da experiência. Nessa especificidade, reside a riqueza da narrativa escrita.

Britton (1989) conceitua a origem da capacidade de observação na situação edipiana, quando a criança é posta no ápice desse triângulo ontogênico. A essa distância, há uma perspectiva que permite a percepção do relacionamento emocional e genital entre seus pais.

O observador também, no momento do registro, cria uma distância espacial e temporal. A escrita, após a experiência da observação de bebês, é um antídoto para a possível contaminação da mente do observador, pelas fortes emoções vivenciadas durante a observação. Também ela é uma incubadora de novas ideias, sonhos e conjecturas. O observador encontra, na narrativa, a possibilidade de ordenar e dar inteligibilidade à experiência dessa observação de bebês.

A impossibilidade de escrever é muito significativa. Pode indicar o caos e a inundação, provocada no campo observacional pela turbulência emocional ante identificações projetivas intensas e patológicas; mecanismos de defesa tenazes e rígidos; a presença predominante de vínculos negativos de amor (L), ódio (H) e conhecimento (K); transformações em alucinose; angústias catastróficas e psicóticas; atuações. A mente do candidato pode ser bombardeada com conteúdos explosivos, radioativos. Ele pode ter dificuldades para metabolizar, transformar em pictogramas, nomear para si próprio, sonhar e, mais tarde, narrar o experimentado. Quais as hipóteses sobre o acontecido entre essa família e o observador nesse momento?

Os desvios na capacidade para observar os tremores no campo, apontados no seminário, podem ser uma bússola para que o futuro analista, convulsionado, possa entrar na sua análise em contato com áreas desconhecidas de sua mente (Magagna & Juárez, 2012). No exemplo citado, a observadora percebeu que tinha postergado a data do encerramento da observação por questões internas. Ficou muito comovida ante a brincadeira de Javier ao formalizar um casamento com ela. Relata que nunca imaginou que o fato de ela ter sido uma bebê prematura, na UTI por dois meses, tivesse ainda tanta força na sua vida e despertasse tanta angústia ante a separação.

Na análise pessoal, novas dimensões da mente podem eclodir.

Para Brenner (1992), o profissional, na escrita, realiza uma "visita privada" ao seu trabalho. Nela, pode observar sua postura.

Seminários semanais

Os seminários permitem que o observador compare e estabeleça diferenças entre suas próprias observações e as de seus colegas. O observador encontra, nesse espaço, a oportunidade de descobrir fortes projeções, fantasias, emoções, sonhos não digeridos, pesadelos, ideais, ações, forças da vida, alianças com os diferentes protagonistas da cena, que podem pressionar sua mente e permitir que questões de seu mundo interno sejam reavivadas. A análise pessoal, durante a observação de bebês, pode alcançar estados primitivos da mente (EMP) do observador. Um trabalho promissor.

A integração entre o observado, a formulação das dúvidas, inquietações, o reconhecimento dos deslizes na postura analítica e as teorias que espontaneamente surgem são realizados nesse espaço.

Esse seminário pode ter uma função análoga à dos seminários clínicos; especialmente se o candidato é estimulado com humildade a formular suas questões, dificuldades, lapsos, confusões, emoções em jogo e os "pecados" cometidos.

Em grande angular, na história de várias observações, é possível perceber padrões significativos nos laços familiares, nas personalidades em jogo: as invariâncias.

Concordo com Crick (1997) quando este enfatiza que, no seminário, o colega encontra "uma maneira de falar", fazendo ouvir sua voz que silenciou na observação de bebês, já que ele não faz interpretações verbais no Campo Observacional (CO).

Etchegoyen (1991) nos lembra que as interpretações são um alívio para o analista, e que a maneira como o paciente responde a elas nos permite avaliar o processo.

No observador de bebês, a disciplina analítica é mais exigida; há mais personagens no campo; as emoções são muito intensas e primitivas devido à dependência, fragilidade e competências do bebê, muito sensíveis às emoções do ambiente.

O observador psicanalítico é convocado a exercer a regra da abstinência no fogo das paixões.

Falar sobre psicanálise é bem diferente de sustentar a postura analítica no complexo CO.

Quando se cria um grupo de trabalho no seminário, o apresentador pode compartilhar a experiência emocional e encontrar continência e compreensão para fertilizar sua função, ouvindo outros vértices e expandindo seu universo com novas hipóteses. O seminário é um espaço privilegiado e aberto para indagação, investigação, formulação de conjecturas, validação ou o abandono de tendências vislumbradas nas invariâncias.

O coordenador, ao perceber o caldeirão de emoções em jogo, pode detectar e nomear os pressupostos básicos para que eles – sempre presentes – não obstaculizem o trabalho do seminário.

Fatores da função analítica

Este método ajuda a esculpir a identidade analítica. É necessário criar um *setting* e, nele, o objeto de observação. A postura analítica encoraja a receptividade emocional, a continência e a empatia.

A tentação de dar conselhos, orientações, julgar, censurar, opinar, culpar distorce a função analítica. São fatores relevantes dela:

- capacidade de continência;
- paciência;
- capacidade de suportar frustrações;
- capacidade de exercer uma intuição penetrante;
- tolerância ao infinito e aleatório;
- capacidade de transformar em sonho (Ferro, 2017) as fortes emoções que emanam do campo;
- capacidade de sonho alfa;
- exercício da capacidade negativa;
- capacidade de pensar, em lugar de atuar, a contratransferência complementar (Racker,1953/1982) e/ou as contraidentificações projetivas (Grinberg, 1963);
- capacidade de encontrar o lugar para ser um Observador Psicanalítico (OP) muito além do concreto. Esse lugar impossível, parafraseando Freud, é simbólico, metafórico, escorregadio, perigoso;
- capacidade para realizar conjecturas intuitivas, racionais, e imaginativas;
- sustentar a fé científica;
- outros a investigar.

Com a sua postura, o observador oferece um modelo de identificação. Ele também realiza atos interpretativos (Ogden, 1996).

Esther Bick também pretendia oferecer aos alunos a oportunidade de entender mais claramente a vida emocional dos bebês. Ela queria facilitar o contato com a dimensão bebê da personalidade total, do ser humano (Bianchedi et al., 1999).

Se observa os bebês e não os velhinhos, como sugeriu Ferro (2000), é porque na transferência analítica são os desejos infantis, bem como as primeiras relações de objeto, que aparecem mascarados nas narrativas do paciente.[10]

Quando o analista pode encontrar o bebê vivo no paciente, ele pode, com uma linguagem metafórica, dar voz a áreas inconscientes de difícil acesso verbal (Harris, 2012). O diálogo que Bion (1979) escreveu em *Memórias do futuro*, em "O amanhecer do esquecimento", entre os diferentes personagens – pré-maturo, imatura, 24 anos... – é um exemplo vívido da mente multidimensional. O observador psicanalítico é testemunha da origem das relações e pode se aproximar do mistério da constituição da mente do bebê, que se expressa na linguagem não verbal, na prosódia sonora, nas brincadeiras, nos prelúdios da aquisição da linguagem. O candidato também observa os vínculos na família e as interpretações dos pais sobre a criança.

O *setting* condensa as normas formais, no nível manifesto sobre o trabalho a ser feito, e convoca a aparição dos processos inconscientes do psiquismo no cenário. O desafio é encontrar o lugar, sedimentado na identidade analítica, para ser um observador privilegiado. O conselho de Bick para que o observador seja uma tela em branco é impossível de alcançar. Ele pode, sim, instalar a função receptora (Inglez de Souza, 2007). A neutralidade ideológica, nunca afetiva, é um objetivo a ser atingido (Neborak, 2008).[11]

---

10 Autores que criticam o método de Esther Bick, entre eles Green, parecem temer que a especificidade da psicanálise seja perdida. O perigo seria transformar a psicanálise em uma ciência positiva. A questão é diferenciar a observação experimental que visa destacar um fenômeno previsto nas hipóteses a serem investigadas – como as feitas por Spitz ou Bowly – da observação psicanalítica (Houzel, 1997).
11 Comunicação pessoal.

As teorias são companheiras más quando clamam por comprovação e realização. Elas saturam e guiam a observação – que surge do encontro do observador psicanalítico com o objeto de observação – como já é sabido. Bick adverte sobre os perigos dos preconceitos do observador psicanalítico.

Ela reafirma a confiança na validade da reconstrução analítica do desenvolvimento na infância.

Observação psicanalítica (OP) – Wilfred Bion

Veja e diga coisas invisíveis à visão dos mortais.

Milton, 2016, p. 73

Para Bion, a observação é a essência da postura analítica, como ilustra a epígrafe.

Sua contribuição (Bion, 1970) permite tanto definir a especificidade da observação psicanalítica como diferenciá-la das observações em outras ciências, para evitar cometer pecados epistemológicos (Green 1992, Rezende 2000). O que importa no observador psicanalítico é a dimensão psíquica que não é sensorial, apesar de ter um fundo, uma raiz sensorial.

A observação de bebês permite tanto o treinamento analítico como o desenvolvimento da análise como disciplina científica: uma teoria da observação (Sandler, 2005). Existe uma analogia entre os estágios constitutivos do método Bick (1964) e os usos da Grade de Bion (1977) no eixo horizontal: atenção, notação e investigação.

Quais as condições para ter uma mente receptiva à observação?

- Alcançar o estado de atenção flutuante. A capacidade de sonho alfa;
- é condição prévia colocar a mente em um estado tão livre quanto seja possível, para não possuir conteúdos obstrutivos. Especialmente a memória possessiva, o desejo de resultados, o conhecimento derivado de "Eu sei", a impregnação sensorial;
- Bion (1992) afirma que é importante para o psicanalista observar e absorver o máximo possível da experiência analítica.

A qualidade da observação evita cair em uma linguagem inútil.

Para Sor (2008),[12] o analista apoia suas habilidades observacionais em vários dados:

- dados visuais;
- dados acústicos;
- dados de consciência.

A consciência do analista deve ser ampliada[13] para coletar dados que estão além do sensorial.

Formular o que não é entendido é estímulo para desencadear futuros fatos selecionados[14] e garantir os progressos, os saltos

---

12 Comunicação pessoal.
13 A consciência expandida é um desdobramento da consciência rudimentar. A primeira percebe e entende, a última percebe sem entender o percebido.
14 Bion tomou de Poincaré o termo "fato selecionado". Poincaré argumentou que os "fatos" que o conhecimento científico tem como valiosos são aqueles que servem para harmonizar e dar coerência aos "fatos dispersos". Bion pensa que a conjunção constante é formada por uma multidão de fatos selecionados. Destes, só um é escolhido para nomear o todo. O nome é, portanto, o fato selecionado que designa uma conjunção constante (Sandler, 2005).

epistemológicos. Podemos chamá-los de "dados conscientes em suspenso".

Na observação de bebês, é necessário manter um certo grau de não saturação e uma dose de mistério.

Nossa mente treinada é um poderoso sistema de transformação e realização de abstrações. Mas ela é imperfeita e desconhecida nos pontos cegos.

Em 1977, ao abordar a Grade e a Cesura, Bion enfatiza uma recomendação: investigar a cesura, a relação, a sinapse.

A observação dos bebês e a psicanálise é um casamento possível

O método de observação de bebês é uma boa disciplina para o desenvolvimento da tarefa impossível: a formação da identidade analítica (Kohen de Abdala, Neborak, Nemas de Urman, Ungar, 2001).

O observador constrói, no campo analítico, o objeto de observação com as dimensões da paixão,[15] do bom senso, do mito (Figura 2.1).

A observação de bebês exige atos de fé para uma aproximação ao "O" (Prada, 2006).[16]

---

15 A paixão (Bion, 1963) é uma das dimensões do objeto psicanalítico e, portanto, é um elemento psicanalítico.
16 "O" corresponde à origem, ao zero. Bion introduz o termo em *Transformações* (1965). Refere-se à realidade imaterial, psíquica, última, nunca conhecida. Pode-se estar a caminho de "O".

Se o analista detecta as funções na observação de bebês, os fatores intervenientes podem ser formulados.[17] Existem condições para a tarefa.

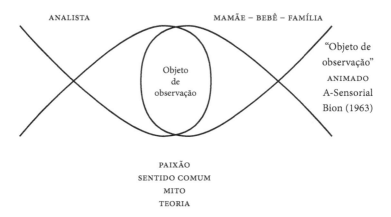

Figura 2.1 – Na intersecção entre a mente infinita do observador psicanalítico e o inconsciente incognoscível da mãe, do bebê e da família, é criado o objeto observacional. O mesmo condensa as dimensões da paixão, do sentido comum, da teoria e do mito. O objeto de observação é animado, mas assensorial.

Critérios de validação do método de observação de bebês

Os efeitos da observação de bebês no observador psicanalítico e na família podem ter como validação pelo menos duas evidências científicas correlacionadas:

---

17 As funções da OB são: 1) função de escuta; 2) função de verbalização; 3) função de compreensão; 4) função de recapitulação; 5) função de descoberta; 6) função de pensamento; 7) outras.

- evidência de maior capacidade de pensar;
- evidências de realizações correlacionadas com a capacidade de pensar.

Contribuições de Donald Meltzer

Sobre o método e o processo

Em seu clássico livro sobre *O processo psicanalítico*, Meltzer (1967) traz importantes contribuições que, analogamente, podem ser aplicadas ao método de observação de bebês.

O processo psicanalítico e o observador tornaram-se os métodos de pesquisa mais frutíferos e belos da mente humana. Na construção de modelos, o progresso foi feito na "capacidade de observação" e na compreensão da gênese e desenvolvimento da estrutura mental (Meltzer, 1978; Rustin, 1991).

Para Meltzer, o enquadramento da tarefa analítica é uma criação do analista. Embora o método tenha sido inicialmente criado para o ensino da psicanálise e da terapia infantil, Meltzer nos instiga a melhorar a investigação do método psicanalítico.

Função imaginativa

A função imaginativa é fundamental no observador de bebês.

O autor adverte que a descoberta dos significados foi feita após dois anos de observação de bebês, um trabalho de reconstrução. As repetições – as invariâncias, em Bion – lhe permitiram uma visão retrospectiva, um retorno ao início da observação de bebês para fazer conjecturas imaginativas com prudência. Questões importantes abrem perspectivas ante o mistério do desenvolvimento mental (Meltzer, 1990).

Atenção[18]

A atenção qualificada é o cerne da atitude analítica. Meltzer (1975b) a investiga nos estados autistas, nos quais sua falta na atitude materna impossibilita o desenvolvimento de funções mentais no bebê. A suspensão da atenção não permite que os estímulos sensoriais sejam ligados para alcançar o senso comum. O método de observação de bebês permite ao observador psicanalítico dar atenção e continência aos pais, que podem então dar atenção à criança.

A atenção é um fator importante da função materna, do observador psicanalítico e da identidade analítica.

O método de observação de bebês na pesquisa psicanalítica

A curiosidade científica e a devoção ao método no processo analítico e na observação de bebês se reforçam e se potencializam mutuamente. O clássico livro de Meltzer *Explorations in Autism* (1975b) é um exemplo da integração da clínica de pacientes autistas com as descobertas da observação de bebês. Nele, o autor conceitua a dimensionalidade psíquica.[19] Também destaca a im-

---

18 Freud (1895/1976k, 1911/1976h) refere-se à atenção em "O projeto para uma psicologia científica" e também em "Formulações sobre os dois princípios de acúmulo psíquico". Bion (1970) escreve o livro *Atenção e interpretação*.
19 Meltzer destaca, na unidimensionalidade, a superposição do tempo e do espaço. Na bidimensionalidade, o objeto é uma superfície aberta, sem esfíncteres, e a Identificação é Adesiva, seguindo a inspiração do famoso trabalho de Bick (1968) sobre a pele psíquica. Na tridimensionalidade, a Identificação Projetiva

portância do cuidado materno, uma função do eu materno, capaz de evitar o desmantelamento do eu do bebê, nos componentes sensoriais quando reina um estado primitivo sem vida mental: *mindless*.[20] A atenção como função mental é inicialmente oferecida pela mãe (Cortiñas, 2007).

A observação de bebês permite que o analista aprenda na experiência emocional, conheça e contenha o impacto dos estados mentais primitivos (E.M.P.) na mente do bebê, da mãe, na sua própria e na dos outros personagens da cena com capacidade negativa.

A experiência da observação de bebês amplia o repertório do profissional e permitirá que ele esteja atento aos E.M.P. na singularidade de cada paciente na clínica psicanalítica (Litvan, 2007).

A importância da prevenção

A observação de bebês não tem o objetivo específico do tratamento, portanto, não há interpretações verbais. Entretanto, os efeitos da presença do observador podem ser terapêuticos e preventivos. O método de observação de bebês também permite investigar a complexidade do relacionamento analítico, muito aquém e além do efeito da interpretação.

Meltzer foi um autor muito preocupado com o compromisso da psicanálise na prevenção dos transtornos do desenvolvimento emocional na infância, na adolescência e na cultura (Meltzer & Gelati, 1986).

é possível porque existe espaço mental; o tempo é reversível e oscilatório. Na tetradimensionalidade, na Posição Depressiva (PD), a Identificação Introjetiva é possível. Nela, a consciência da finitude da vida é alcançada.

20 O isolamento sensorial é responsável (Meltzer, 1975a) pelos mecanismos obsessivos primitivos que, por meio do desmantelamento, não permitem que o significado seja alcançado.

Os responsáveis pelo exercício da função parental podem se identificar com a função do observador psicanalítico: tolerância, continência, paciência, atenção qualificada, capacidade de espera, paixão, compromisso, responsabilidade com a vida mental, controle das atuações. Mas essa contribuição da observação de bebês não é suficiente para promover transformações estruturais.

O autor afirma, parafraseando Bion, que a experiência de observar um bebê é muito diferente de "falar" sobre observação de bebês (Meltzer, 1967).

Palavras a dizer

A teoria pode ser usada como um refúgio defensivo para evitar o verdadeiro encontro com o fogo explosivo do objeto analítico. Quando usada como uma ideologia, às vezes perto do fanatismo, forma, na mente do analista, uma esclerose que torna impossível a pesquisa e a descoberta do novo no paciente e no candidato.

A observação de bebês é muito criticada, quando não desprezada, sem encontrar lugar na grade curricular de muitos institutos. Ante essa evidência, conjecturo que quem não tem realizado a experiência só pode falar sobre ela sem saber muito bem do que se trata.

A observação de bebês conclama a dimensão do infantil no profissional: o bebê vivo presente em cada ser humano. Impotência, desamparo ontológico (Lisondo, 2012), vulnerabilidade, dependência absoluta (Winnnicott, 1963), fragilidade estão no cerne da relação bebê-mãe-família-observador. Esses pilares fundantes do humano têm sido negados, cindidos, desmentidos, ocluídos, isolados, como mostram as religiões, a antropologia e as ciências humanas na história da humanidade. A psicanálise pode observar as resistências, os ataques mascarados, muitas vezes por racionalizações e/ou filiações escolásticas nos profissionais, para evitar entrar em contato com o infantil em si próprio.

A observação de bebês também evoca, naqueles profissionais que são pais, uma revisão das funções parentais desenvolvidas. A história, sempre mítica, nunca factual, é reavivada e uma eclosão de emoções sempre presentes ganha colorido, intensidade e, às vezes, voz.

A demora ou a impossibilidade de encontrar uma família disponível com uma gravidez avançada em curso, ou com um bebê recém-nascido, é muito significativa e muitas vezes evidencia dificuldades emocionais no observador.

Cito o exemplo de uma candidata que fez várias tentativas de iniciar a observação de bebês, mas o projeto não vingava. Nos seminários, apareciam seus temores e resistências. Numa conversa com a coordenadora, reconheceu a impossibilidade de realizar essa experiência ante a dor e o sofrimento avassalador da própria esterilidade, tema de suas sessões de análise.

A mobilização emocional é de tal ordem que é frequente que as observadoras engravidem durante o curso, ante a beleza da força de Vida mesmo que Thanatos apareça com suas garras destrutivas.

"Há algo sem um nome dentro de nós" (Saramago, 1995).

Referências

Bianchedi, E. T. et al. (1999). *Bion, conocido/desconocido*. Buenos Aires: Lugar Editorial.

Bick, E. (1962). Chil Analysis Today. *International Journal of Psychoanalysis. 43*, 238-332.

Bick, E. (1964). Notes on Instant Observation in Psychoanalysis Training. *International Journal of Psychoanalysis, 45*, 558-566.

Bick, E. (1968). The Experience of the Skin in Early Objects Relations. *International Journal of Psycho-Analysis, 49*(2-3), 484-486.

Bion, F. (Ed.). (1992). *Cogitations*. London: Karnac.

Bion, W. R. (1963). *Elements of Psycho-Analysis*. London: Heinemann.

Bion, W. R. (1965). *Transformations. Change from Learning to Growth*. London: Heinemann.

Bion, W. R. (1970). *Attention and Interpretation*. London: Tavistock.

Bion, W. R. (1977). *Two Papers: The Grid and Cesura* (La tabla y la cesura). Rio de Janeiro: Imago. [Estes trabalhos produzem o central dos outros dois: (1971) The Grid (La Tabla) y (1975) La Cesura (La Cesura). Gedisa, Buenos Aires, 1982.]

Bion, W. R. (1979). The Dawn of Oblivion. In W. R. Bion, *A memoir of the future, book 3* (pp. 1-138). Rio de Janeiro: Imago. (Reimpresso em um volume com os Livros 1 e 2 e "The key". London: Karnac Books, 1991).

Bion, W. R. (1990a). The Past Presented. In *A memoir of the Future* (pp. 5-181). London: Karnac. (Trabalho original publicado em 1977).

Bion, W. R. (1990b). *Seminari italiani*. Roma: Bolatti Boringhieri. (Trabalho original publicado em 1978).

Bleger, J. (1967). Psicoanálisis del encuadre psicoanalitico. *Revista Argentina de Psicoanálisis, 24*(2), 241-258.

Bollas, C. (2007). *The Freudian Moment*. Los Angeles: Karnac.

Bottero, H. (2001). Aplicación el encuadre de la observación de bebés: la intervención "desatanudos". *Revista Internacional de Observación de Lactantes y sus Aplicaciones, 2*, 73-89.

Brenner, N. (1992). Nursery School Observations: to Learn, to Teach, to Facilitate Growth and Development. *Journal of Child Psychotherapy, 18*(1), 87-100.

Britton, R. (1989). *The Missing Link, Parental Sexuality and the Oedipus Complex.* In J. Steiner, *The Oedipus Complex Today* (pp. 83-101). Londres: Karnac.

Caron, N. A., & Sobreira Lopes, R. C. (2014). *Aprendendo com as mães e os bebês sobre a natureza humana e a técnica analítica.* São Paulo: Dublinense.

Cortiñas, L. P. (2007). *La dimensión estética de la mente, variaciones sobre un tema de Bion.* Buenos Aires: Del Signo.

Cortiñas, L. P. (2011). *Sobre el crecimiento mental: ideas de Bion que transforman la clínica psicoanalítica.* Buenos Aires: Biebel.

Crick, P. (1997). Mother-Baby Observation: the Position of the Observer. *Psychoanalytic Psychotherapy, 11*(3), 245-255.

Etchegoyen, H. R. (1991). *The Fundamentals of Psychoanalytic Technique.* London: Karnac.

Ferro, A. (2000). Entrevista a Telma Barros. *Psicanálise em Revista, 1*(1), 113-119.

Ferro, A. (2017). *Tormentos de almas. Paixões, sintomas, sonhos.* São Paulo: Blucher.

Freud, S. (1976a). Carta a le disque vert. In *El yo y el ello, y otras obras (1923-1925)* (p. 294). Buenos Aires: Amorrortu. (Obras Completas, v. 19) (Trabalho original publicado em 1924).

Freud, S. (1976b). Charcot. In *Primeras publicaciones psicoanalíticas (1893-1899)* (p. 14). Buenos Aires: Amorrortu. (Obras Completas, v. 3). (Trabalho original publicado em 1893).

Freud, S. (1976c). Conferencias de introducción al psicoanálisis. In *Conferencias de introducción al psicoanálisis (partes I y II) (1915-1916)* (p. 145). Buenos Aires: Amorrortu. (Obras Completas, v. 15). (Trabalho original publicado em 1915).

Freud, S. (1976d). Construcciones en el análisis. In *Moisés y la religion monoteísta, Esquema del psicoanálisis, y otras obras (1937-1939)* (pp. 255-270). Buenos Aires: Amorrortu. (Obras Completas, v. 23). (Trabalho original publicado em 1937).

Freud, S. (1976e). Contribución a la historia del movimiento psicoanalítico. Trabajos sobre metapsicología. In *"Contribución a la historia del movimiento psicoanalítico", Trabajos sobre metapsicología, y otras obras (1914-1916)* (p. 21). Buenos Aires: Amorrortu. (Obras Completas, v. 14). (Trabalho original publicado em 1914).

Freud, S. (1976f). El yo y el ello. In *El yo y el ello, y otras obras (1923-1925)*. Buenos Aires: Amorrortu. (Obras Completas, v. 19). (Trabalho original publicado em 1923).

Freud, S. (1976g). Esquema del psicoanálisis. In *Moisés y la religion monoteísta, Esquema del psicoanálisis, y otras obras (1937-1939)* (p. 133). Buenos Aires: Amorrortu. (Obras Completas, v. 23). (Trabalho original publicado em 1940).

Freud, S. (1976h). Formulaciones sobre los dos principios del acaecer psíquico. In *"Sobre un caso de paranoia descrito autobigráficamente" (caso Schreber), Trabajos sobre técnica psicoanalítica, y otras obras (1911-1913)* (pp. 217-232). Buenos Aires: Amorrortu Editores. (Obras Completas, v. 12). (Trabalho original publicado em 1911).

Freud, S. (1976i). Novas conferencias de introducción al psicoanálisis. In *Nuevas conferencias de introducción al psicoanálisis, y otras obras (1932-1936)*. Buenos Aires: Amorrortu. (Obras Completas, v. 22). (Trabalho original publicado em 1933).

Freud, S. (1976j). Presentación autobiográfica. Inhibición, síntoma y angustia ¿Pueden los legos ejercer el análisis? In *Presentación autobiográfica, Inhibición, síntoma y angustia, ¿Pueden los legos ejercer el análisis?, y otras obras (1925-1926)*. Buenos Aires: Amorrortu Editores. (Obras Completas, v. 20). (Trabalho original publicado em 1925).

Freud, S. (1976k). Proyecto de psicología. In *Publicaciones prepsicoanalíticas y manuscritos inéditos en vida de Freud (1886-1899)* (p. 339). Buenos Aires: Amorrortu. (Obras Completas, v. 1). (Trabalho original publicado em 1895).

Freud, S. (1976l). Sobre la iniciación del tratamiento (Nuevos consejos sobre la técnica del psicoanalísis). In *"Sobre un caso de paranoia descrito autobigráficamente" (caso Schreber), Trabajos sobre técnica psicoanalítica, y otras obras (1911-1913)* (p. 135). Buenos Aires: Amorrortu. (Obras Completas, v. 12). (Trabalho original publicado em 1913).

Green, A. (1992). A propos de l'observation des bébés. Uma entrevista de André Green por Pierre Geissmann. *Journal de la Psychanalyse de L'enfant, 12*, 133-153.

Green, A. (2000). *El encuadre y su interiorización por el analista, en El porvenir de una desilusión*, PUF.

Grinberg, L. (1963). Psicopatologia de la identificación y contraidentificación proyectiva y de la contratransferência. *Revista Psicoanálisis, 20*(2), 113-123.

Guerra, V. (2014). Indicadores de Intersubjetividad 0-12 Meses: del encuentro de miradas al placer de jugar juntos (Parte III). *Revista da Sociedade Brasileira de Psicanálise de Porto Alegre, 16*(2), 411-435.

Harris, M. (2012). Contribuición de la observación de la interacción madre-infante: el modelo Tavistock. In J. Magagna e C. Juárez, C. (Eds.), *Observación de bebés: el método Esther Bick de la clinica Tavistock* (pp. 62-78). México: Paidós.

Houzel, D. (1997). Observação de bebês e psicanálise, ponto de vista epistemológico. In M.-B. Lacroix, & M. Monmayrant (Orgs.), *Observação de bebês: os laços do encantamento* (pp. 87-94, F. F. Settineri, trad.). Porto Alegre: Artes Médicas.

Inglez de Souza, M. (2007). A escuta psicanalítica em uma U.T.I. neonatal e pediátrica, como facilitadora de desenvolvimento mental (Dissertação de Mestrado). Pontifícia Universidade Católica de São Paulo, São Paulo.

Keats, J. (1970). Letter to George and Thomas Keats. In W. R. Bion, *Attention and Interpretation* (pp. 70-71). London: Karnac. (Trabalho original publicado em 1817).

Kohen de Abdala, G., Neborak, S., Nemas de Urman, C., & Ungar, V. (2001). *La Observación de bebés y la identidad psicoanalítica.* Apresentação no Departamento de Niños y Adolescentes, Asociación Psicoanalítica de Buenos Aires (APdeBA), Buenos Aires.

Lisondo, A. (2012). O desamparo catastrófico ante a privação das funções parentais. Na adoção a esperança ao encontrar o objeto transformador. *Revista de Psicanálise, 19*(2), 367-393. Porto Alegre.

Litvan de, M. A. (2007). Infant Observation: a Range of Questions and Challenges for Contemporary Psychoanalysis. *The International Journal of Psychoanalysis 2, 88*, 713-733.

Machado, A. (1901). Poema 29 de "Provérbios y Cantares". In *Campos de Castilla* (p. 9). Madrid: Afrodisio Aguado.

Magagna, J., & Juárez, C. (2012). *Observación de bebés: el método Esther Bick de la clínica Tavistock.* México: Paidós.

Marucco, N. (1998). *Cura analítica y transferencia: De la represión a la desmentida.* Buenos Aires: Amorrortu.

Meltzer, D. (1967). *The Psycho-Analytical Process.* London: Heinemann.

Meltzer, D. (1975a). Adhesive Identification. *Contemporary Psychoanalysis, 11*(3), 289-310.

Meltzer, D. (1975b). *Explorations in Autism.* Pertshire: Clunie Press.

Meltzer, D. (1978). *The Kleinian Development 3: The Clinical Significance of The Work of Bion.* Pertshire: Clunie Press.

Meltzer, D. (1990). *Metapsicología ampliada: aplicaciones de las ideas de Bion.* Buenos Aires: Spatia.

Meltzer, D., & Smith, C. M. (2008). *Bebés: experiencias desde un vértice psicoanalítico.* Barcelona: Carmen Laffon.

Meltzer, D., & Gelati, M. (1986). A One-Year-Old Goes to Day Nursery: a Parable of Confusing Times. In D. Meltzer, *Studies in Extended Metapsychology: Clinical Applications of Bion's Ideas* (pp. 136-153). Pertshire: Clunie Press.

Meltzer, D., & Williams, M. H. (1988). *The Apprehension of Beauty: the Role of Aesthetic Conflict in Development, Violence and Art.* Pertshire: Clunie Press.

Milton, J. (2016) *Paradise Lost*. London: Johnatan Cape.

Moreno, J. (2016). *El psicoanálisis interrogado. De las causas al devenir* (pp. 135-155). Buenos Aires: Lugar Editorial.

Neborak, S., et al. (2001). Revisando el encuadre de la observación de bebés: la intervención "desatanudos". *Revista Internacional de Observación de Lactantes y sus Aplicaciones, 2*. Buenos Aires: Fundación Kamala.

Negri, R. (1995). Observação da vida fetal. Comentado por Donald Meltzer. In M.-B. Lacroix, & M. Monmayrant (Orgs.), *Observação de bebês: os laços do encantamento* (pp. 87-94, F. F. Settineri, trad.). Porto Alegre: Artes Médicas.

Nemas, C., & Urman, J. (2012). Introducción. In J. Magagna e C. Juárez (Eds.), *Observación de bebés: el método Esther Bick de la clinica Tavistock* (pp. 11-20). México: Paidós.

Ogden, T. (1996). O conceito de ato interpretativo. In *Os sujeitos da psicanálise* (pp. 103-132). São Paulo: Casa do Psicólogo.

Prada, M. S. (2006). *Contribuição clínica à questão da fé*. São Paulo: SBPSP. (Trabalho apresentado em Reunião Científica.)

Puget, J. (2015). *Subjetivación discontinua y psicoanálisis. Icertidumbre y certezas* (Cap. 9). Buenos Aires: Lugar.

Racker, H. (1982). Os significados e usos da contratransferência. In *Estudos sobre técnica psicanalítica*. Porto Alegre: Artes Médicas. (Trabalho original publicado em 1953).

Rezende, A. M. (2000). *O paradoxo da psicanálise: uma ciência pós-pragmática*. São Paulo: Via Lettera.

Rezende, A. M. (2014). *Bion e o futuro da psicanálise: expansão do universo mental* (2a ed.). Campinas: Arte Escrita.

Rustin, M. (1991). *The Good Society and the Inner World. Psychoanalysis, politics and culture.* Imago.

Sandler, P. C. (2005). *The Language of Bion: a Dictionary of Concepts.* London: Karnac.

Saramago, J. (1995). *Ensaio sobre a cegueira.* São Paulo: Companhia da Letras.

Stitzman, L. (2011). *Entrelazamiento*: Un ensayo psicoanalítico. Valencia: Promolibro.

Strachey, J. (1976). Nota introductoria. In S. Freud, *"Fragmento de análisis de un caso de hysteria" (caso "Dora"), Tres ensayos de teoría sexual, y otras obras (1901-1905)* (p. 115). Buenos Aires: Amorrortu. (*Obras completas*, v. 7). (Trabalho original publicado em 1905).

Winnicott, D. W. (1963). From Dependence Towards Independence in The Development. In *Maturational processes and the facilitating environment* (pp. 218-248). London: The Hogarth Press.

3. Da segunda pele à pele rítmico-psíquica: (des)harmonias entre conjugalidade e parentalidade

Ana Belchior Melícias[1]

> *A construção do vínculo entre uma mãe e seu bebê pode ser vista como uma história de encontros e desencontros, de claridades e opacidades, de harmonias e desarmonias. Numerosos trabalhos tratam das vicissitudes dessas histórias cheias de variações e de diferentes tonalidades musicais como uma sinfonia inacabada, que se reescreve a cada vez, com cada novo filho.*
>
> Victor Guerra, 2014, p. 3

Prelúdio: introdução

Este trabalho é o resultado da observação da relação mãe-bebê na família segundo o método Esther Bick (1964/1987). O longo percurso que caracteriza essa metodologia promove o alargamento da mente receptiva (Houzel, 2005/2010a), seja no nível pessoal,

---

[1] Psicanalista associada da Sociedade Portuguesa de Psicanálise (SPP) e Psicanalista de crianças e adolescentes (IPA). Formadora do Instituto de Psicanálise da SPP.

seja no nível da clínica e do pensamento psicanalítico. Os benefícios do método, como preconizados por Bick e pelos autores que expandiram seus textos seminais, são claramente perceptíveis nas várias dimensões deste modelo tripartido: a observação, a escrita e o grupo de supervisão. Os três eixos se interpenetram, como nos mostra França e Grunspun (2012), pois o objeto de observação (dupla mãe-bebê) e o instrumento de observação (mente do observador) sofrem contínuas transformações, ora mais conscientes, ora mais inconscientes, perante esse desconhecido. A comunicação pré-verbal em identificação projetiva que se vai instalando na dupla mãe-bebê (*rêverie* e alfabetização dos elementos beta) é experienciada pelo observador, seja de acordo com os seus objetos internos, seja também, e talvez acima de tudo, por meio de uma comunicação maciça e impactante (Prat, 1992) ora com o bebê, ora com a/o mãe/pai. O treino da capacidade negativa (Bion, 1962/1991a) e da capacidade de contenção no espaço/tempo da observação propriamente dita são promovidos na mente do observador, que poderá, posteriormente, no grupo de supervisão, apoiar-se nos conhecimentos psicanalíticos disponíveis para articular conjecturas e hipóteses (Gonçalves, 1998).

Espelhando o conflito estético (Meltzer & Williams, 1988/1994) como paradigma do desenvolvimento, esse modelo de observação constituiu-se em uma experiência de qualidade inesgotável, cuja melodia continua a reverberar e a produzir novas harmonias. Do campo multifacetado e da complementariedade que se cria entre o bebê e o ambiente (*nature* × *nurture*) emergiu, nesse caso, o entrecruzamento dos efeitos da transgeracionalidade (Fraiberg, Adelson, & Shapiro, 1975; Eiguer, 1995; Kaës, Faimberg, Enriquez, & Baranes, 2001) e da importância estruturante do ritmo (Haag, 1986; Guerra, 2014) na constituição do psiquismo.

A importância fundadora do ritmo inspirou os subtítulos deste trabalho, evocando a linguagem primordial e universal que é a música.[2] O bebê escuta, *in utero*, o pulsar do cordão umbilical e a batida sincopada do coração da mãe. Já nascido, acalma-se ouvindo a repetição familiar desse ritmo originário, ao ser intuitivamente embalado do lado esquerdo do peito. Com o desenvolvimento, esse compasso binário será gradativamente complexificado (compassos terciários e quaternários) passo a passo, com as crescentes exigências feitas ao psiquismo (da bidimensionalidade à tridimensionalidade e à tetradimensionalidade), dando origem a melodias relacionais mais e mais elaboradas. E, ao longo da vida, a música continuará a emocionar com uma profundidade insuspeitada, acima de tudo por vias sensoriais que escapam à racionalidade ou ao processo secundário.

Escala justa ou temperada

A família e a observadora

Um casal, ao desejar um bebê, que passará ou não de imaginário e fantasiado (Lebovici, 1987) a real, experimenta intensas angústias e incertezas e terá de se reorganizar não só externamente, mas, acima de tudo, psiquicamente. Também o observador estará sujeito a inquietantes ansiedades: de um lado, pela eventualidade da observação não vir a concretizar-se, caso não encontre uma família que o aceite; de outro, pelo novo papel de observador, a ser criado e experienciado.

---

[2] A palavra música origina-se do grego *mousa*, que significa literalmente "canção" ou "poema". As musas, nove filhas de Mnemósine (Memória) e Zeus, viviam no Olimpo, no templo *Museion* (origem da palavra Museu), e personificavam os discursos em verso ou *mousike*, "arte das musas". Como deusas da música e da poesia, inspiravam simultaneamente a criação artística e científica.

Poderíamos dizer que, ainda antes da observação propriamente dita, se desencadeia um processo interno de "gravidez" no observador, que vai acomodando o espaço/tempo que ocupará a tríade semanal observação-escrita-supervisão, preparando-se para mergulhar na intensidade emocional da relação precoce mãe-bebê, sem a sua caixa de ferramentas (Ungar, 2015) habitual. A casa de uma família é substancialmente diferente do *setting* do consultório. E a co-construção do novo papel, de observar sem intervir diretamente, mantendo a necessária empatia com a família, será bem diferente da função mais ativa que a interpretação na clínica analítica permite.

A família é constituída por um jovem casal receptivo à observação. Já moravam juntos e, enquanto preparavam o casamento, souberam da gravidez dos quatro para os cinco meses do seu primeiro filho. Como o bebê nasceria muito próximo da data agendada para o casamento, decidiram adiá-lo. A mãe, de origem estrangeira, imigrou e terminou a escolaridade em português. Apresenta-se comprometida com a família, com o trabalho e com a observação, e, emocionalmente, revela-se contida nas suas preocupações e angústias. O pai, ligado profissionalmente à música, tem um círculo de amigos íntimos e mostra-se jovial, brincalhão e afetivo com o filho e com a mulher.

Ao final do primeiro encontro, perguntando quando lhes seria conveniente começar, a mãe responde: "Já depois de amanhã! Encontrou bem a casa?", certificando-se de que a observadora não se perderá e com interesse e receptividade à observação: "Você vai ajudar-nos a compreender melhor o nosso filho". Sendo uma mãe jovem, na sua primeira experiência com a maternidade, parece sentir necessidade de "ser acompanhada" pela observadora e reassegurada da sua função, como (boa) mãe: "Neste mês, fui todas as semanas ao hospital e eles pesaram e viram que ele estava crescendo muito bem. Acompanharam cada semana [como a observadora vai fazer...] e viram que estava tudo correndo bem [o que será que a observadora vai ver?]." Da parte do pai, parece haver uma aceitação da observação sem reflexão e com alguma reserva.

Como se organizarão os múltiplos e mutantes arranjos – des-arranjos e re-arranjos – das díades e tríades que se formarão e se transformarão dinamicamente entre mãe-pai-bebê-observadora? Frente à intensa relação mãe-bebê, o pai parece ocupar um lugar de espectador, presenciando o desenrolar dos acontecimentos, e expectador, encontrando-se na expectativa do seu novo lugar: a sua função conjugal deverá ser retomada com novos contornos e a sua função paterna deverá vir a ser desenvolvida. Também a observadora terá de vir a desenvolver a sua mente receptiva (Houzel, 2005/2010a) e o seu novo papel, em capacidade negativa (Bion, 1970/1991b). Suportando a incerteza do desconhecido na constante atualização do conflito estético (Meltzer & Williams, 1988/1994) e contendo a sempre presente inquietação do estranho-familiar (Freud, 1917-1919/1976b), "mediante a mesma identificação emocional e participação íntima da ligação mãe-bebê" (Mélega, 1987). Terá assim oportunidade de mergulhar e testemunhar, em *status nascendi*, o psiquismo a se constituir na enigmática e misteriosa aventura da humanização e da vida.

Fantasia e fuga

Receptividade e rejeição à maternidade e à observação

Assim como numa primeira entrevista clínica, o primeiro encontro presencial com a família reveste-se de uma importância fundadora: a proposta de observação é aceita, implicando ambos os pais; é estabelecido o "contrato" da observação (funcionamento, duração, horários, férias etc.); mas, acima de tudo, os pais e a observadora dão-se a conhecer uns aos outros pela primeira vez, ativando áreas arcaicas da mente, como na prancha I do Rorschach. Está nascendo o projeto de observação e estão nascendo uns para os outros, como o bebê é ainda um recém-nascido.

A mãe conta que o bebê nasceu de quarenta semanas e três dias, por parto cesariana, uma vez que, "depois de catorze horas de trabalho de parto, só dilatou até três dedos e parou. Até pensaram que ele nasceria mais cedo, pelas 38 semanas, mas não... ele estava bem lá. Acho que ele não queria sair... Nasceu com 3.580 kg e agora está com 5 kg" [*emerge nesta primeira fala da mãe a questão da dificuldade de separação. Terá a intervenção sido necessária pela resistência de ambos à separação: o bebê não querendo sair, e a mãe estancando a dilatação?*].[3] O bebê, com 1 mês e 16 dias, permanece todo o tempo ao colo da mãe enquanto dormita. Comunica-se entre choramingos de cólicas e sorrisos, principalmente quando a mãe fala, e esta parece ligada a ele conversando abertamente: "Está com cólica?!; Filho, você quer conversar?!" [*como se conversa com um bebê?*]. A mãe parece estar vivendo uma boa relação com o bebê, tranquila e confiante no seu papel, ligada às necessidades do bebê e tolerante com as suas exigências e flutuações [*preocupação materna primária?*]. Diz: "Os bebês não falam, mas comunicam muito!" [*o que será que eles comunicam? Poderá a observadora escutar a dupla mãe-bebê e favorecer uma boa comunicação?*]. Continua: "Ele tem a constituição do meu avô, que é um homem muito alto e forte, cada mão dele são duas das nossas" [*o bebê fantasiado é forte pela linhagem materna, reassegurando a sua competência para gerar um bebê bom*]. O pai, permanecendo mais distante, mas presente, acompanha a conversa/relação mãe-bebê. A mãe continua:

---

3   Em itálico, os pensamentos conjuntos da observadora e do grupo de supervisão.

"Ele é tranquilo, mas tem cólicas... Tem aumentado devagarinho" [*a mãe conta que foi motivada e insistiu na amamentação, revelando um desejo de alimentar e se ligar ao bebê*]. "Tem dias bons e outros piores... Está se adaptando" [*também a mãe parece estar se adaptando às necessidades do bebê e à presença da observadora...*]. O bebê dormita e sorri enquanto ouve a voz da mãe, que diz: "Ele até sonha, porque acordamos com ele rindo" [*valorização do mundo interno?*]. Em silêncio, olha o bebê enquanto o acaricia [*tolera momentos de recolhimento e aproveita para ir observando?...*], chamando-o por "filho", segurando a mãozinha dele, apertando a barriga para ajudá-lo com as cólicas e dizendo: "Quando nasceu, era a cara inteirinha do pai. Igualzinho!" [*introdução e inclusão do pai numa triangulação: o bebê também é dele! Esboço da criação de um espaço entre a mãe e o bebê?*]. O pai ri-se babando.

A inclusão final do pai abre para eventuais boas triangulações: 1) o pai vai retomando o lugar com a sua mulher e dentro da mãe; 2) o advento deste novo bebê propõe aos pais o desenvolvimento da função parental – articulação das funções materna e paterna –, simultaneamente à retomada da conjugalidade; 3) a possibilidade de a família aceitar o processo de observação, desconhecido e estranho, denota uma terceiridade que conseguem acolher. A observadora mantém-se em capacidade negativa perante este intenso e estranho-familiar, tateando o seu novo papel de observadora na família.

O bebê começa a existir no mundo mais alargado. Foram fazer o documento de identificação (3ª obs.). Mostram o nome composto refletindo as subjetividades de ambos: nome próprio na nacionalidade da mãe, seguido do segundo nome próprio do pai. Os sobrenomes da mãe e do pai refletem também as suas respectivas nacionalidades. Movimentos conciliatórios apontando para uma boa cena primitiva? Irá a observadora ganhando também um nome-presença no mundo dessa família?

O quarto do bebê é a última divisão da casa a ser mostrada à observadora (4ª obs.). Estará ele repleto dos tais fantasmas "visitantes do passado não lembrado dos pais" (Fraiberg et al., 1975, p. 387)? Será a observadora sentida persecutoriamente como a bruxa não convidada para o batizado da Bela Adormecida? Retratará o quarto ainda não habitado pelo bebê, a sua situação familiar? As paredes pintadas de cor suave e decoradas com motivos infantis dão conta do lado harmonioso, ficando o lado confuso por conta do "quarto das desarrumações". No chão, está um *puzzle* em construção, para o bebê, cujas peças definidas por um corte e desenho ainda fragmentado parecem configurar o quebra-cabeça do espaço mental, o difícil encaixe do feminino e do materno, do conjugal e do parental. Qual será, nesse momento, o lugar do bebê? Qual será o lugar dado à observadora?

A posteriori, ressalta a hiper-receptividade da mãe à observação (iniciada dois dias depois do primeiro encontro), em articulação com a ligação ambivalente ao bebê: não planejado, mas desejado. A gravidez como desejo inequívoco de um bebê caminha par a par com o fato de as modificações do próprio corpo e dos movimentos do bebê não serem sentidos até aos quatro/cinco meses de gestação. Poderemos conjecturar uma rejeição (denegação)? E em relação à própria observação? Terá a mãe ficado grávida da observação, ambivalente e prematuramente? Qual terá sido a ressonância interna para uma aceitação tão imediata, sem um tempo de reflexão? Encontra-se muito necessitada e intui que essa visita semanal lhe poderá ser favorável? E o pai, de que maneira desejou ele esse bebê e também a observação?

Esta modalidade relacional ambivalente (hiper-receptividade/ hiper-rejeição), levará a mãe, na relação com a observadora, a:

1) rivalizar, por vezes, diretamente com o filho pela atenção da observadora e, muitas vezes, ativar passivamente o interesse desta por si; 2) mostrar outras vezes, esperando confirmação, a boa mãe que é para o bebê; 3) usá-la também, algumas vezes, no bom sentido do uso do objeto (Winnicott, 1969/1975). Poderá a observadora ficar aderida a essa teia de solicitações maternas veladas e deixar de conseguir observar o bebê? Conseguirá criar uma pele psíquica unificadora do seu papel de observadora, tanto da mãe(pai) como do bebê, ou seja, da relação mãe(pai)-bebê? Poderá vir a constituir-se numa mente receptiva (Houzel, 2005/2010a), facilitando a pensabilidade?

Variações sobre o mesmo tema

Constantes variáveis nas sessenta observações

A parentalidade é uma co-construção – *there is not such a thing as an infant* (Winnicott, 1960) – complexa e em grande parte inconsciente, pois, logo no nascimento, se instalam ativamente três configurações edípicas – da mãe, do pai, do bebê –, e sabemos a importância da transgeracionalidade implicada na emergência da organização psíquica de qualquer bebê (Fraiberg et al., 1975; Kaës et al., 2001). Esta trará, inevitavelmente, as marcas da forma como cada um dos pais viveu interna e externamente as suas relações primárias. Encontraremos os fantasmas indesejáveis do passado dos pais apenas como intrusos transitórios, ou defrontaremos aqueles que "fixam residência reivindicando seus direitos acima dos do próprio bebê?" (Fraiberg et al., 1975, p. 389).

Durante o longo trajeto da observação, fomos testemunhando a emergência das competências do bebê na construção da sua subjetividade. Sabemos que crianças com um ambiente bastante favorável apresentam dificuldades de desenvolvimento e relacionais, enquanto crianças com ambientes adversos encontram soluções e conseguem transformar beneficamente o que o ambiente lhes dá, ou seja, conseguem "tirar o melhor partido de um mau negócio" (Bion, 1979/1987). Cada bebê traz, portanto, os seus próprios recursos, facilitando ou dificultando essa co-construção. Em contraponto aos "*ghosts in the nursery*" de Fraiberg, receberia cada bebê a transmissão de influências parentais benevolentes, os "*angels in the nursery*" (Lieberman, Padrón, Van Horn, & Harris, 2005)?

A configuração e elaboração edípica da observadora permitiria diferentes timbres emocionais, harmonizando-se de diferentes maneiras e focando a observação mais nuns aspectos do que noutros? A mente e os próprios recursos da observadora – questão da personalidade do analista –, facilitarão mais ou menos a criação de uma receptividade mental à turbulência emocional evocada?

Durante as sessenta observações realizadas[4] nesse cenário familiar particular, emergiram padrões transversais tanto ao funcionamento mental como a aspectos socioculturais.

Prematuridade

Face à triangulação recém-criada, podemos perguntar quais terão sido as vivências do pai e da mãe como bebês dos seus pais? Sabemos, por exemplo, que a mãe foi um bebê prematuro de sete meses, tendo permanecido na incubadora por um mês. Esse traço "prematuro" parece circular de várias maneiras: o bebê chegou

---

4 Dois dias depois do primeiro contato presencial, inicia-se o processo de observação. O bebê tem 1 mês e 18 dias. A partir da 53ª obs. (15 meses e 10 dias), passou a quinzenal. Na 60ª obs. (20 meses e 20 dias), passou a mensal, havendo mais duas observações até aos 2 anos do bebê, quando a observação foi formalmente finalizada.

"prematuramente", obrigando a adiar os planos do casamento, e a mãe propõe insistentemente ao bebê andar antes de sentar ou engatinhar, promovendo um desenvolvimento prematuro e uma pseudoindependência. Poderemos pensar no desenvolvimento em falso *self* (Winnicott, 1990) num registro de pseudomaturidade (Knijnik, 2011), ligado transgeracionalmente às exigências de vida de ambos os pais?

Indiscriminação

O espaço, o ritmo, a alimentação, o vestuário, a contenção e os brinquedos do bebê são, em geral, pouco discriminados.

Espaço

Na sala há um sofá principal, um espaço condensado utilizado como cama, trocador, quarto, mesa de refeições etc., onde o bebê dorme, é trocado, vestido depois do banho, alimentado, brinca etc. Frequentemente, a imaginação da observadora desliza para a realização de uma peça de teatro ou filme (tipo Nanni Moretti) sobre a vida de uma família passada exclusivamente no sofá de uma sala... Haverá correspondências entre o uso do espaço de uma casa e o uso do espaço mental que é dado a cada membro da família? Os espaços condensados e tornados equivalentes revelariam uma certa indiscriminação psíquica? Será a sala o espaço "público" oferecido à observadora, e o espaço "privado", da intimidade, ficaria mais reservado? E, psiquicamente, caberá ainda perguntar sobre a bidimensionalidade ou tridimensionalidade do funcionamento mental? Essa sala-espaço-palco-cenário-único foi, no entanto, vivida dinamicamente ao longo dos dois anos: a disposição dos móveis passou por três rearranjos significativos, visando ao seu alargamento e à incorporação de novos móveis para o acomodamento das necessidades tanto do bebê como do casal.

Ritmo

Há pouca preocupação com a criação das rotinas e ritmos de sono (sentir sono-retirar-se-dormir-acordar), de alimentação (alimentar-satisfação-relaxamento-sentir falta-alimentar), de banho (ora toma, ora não, e sem hora certa), de rotinas diárias (vai ou não vai à "ama"[5] conforme as disponibilidades e turnos de trabalho dos pais). Os ritmos nessa família estão mais a serviço dos pais do que às necessidades do bebê, que a eles se adapta docilmente: geralmente sente sono e fome uma hora antes de vir a ser alimentado, quando os pais se reúnem para jantar.

Alimentação

Os diferentes alimentos – sabores e texturas – são misturados e confusionados, facilitando à mãe a tarefa de alimentação. No entanto, o bebê sempre comeu bem, aceitando tranquilamente as transições do doce para salgado e do líquido ou pastoso para o sólido. Tem uma alimentação rica e variada para a sua idade.

---

5 "Ama" é a designação de uma senhora que se ocupa de várias crianças, na sua própria casa, com formação e supervisão de instituição pública de apoio social. Recuperado de http://www.seg-social.pt/ama.

Vestuário

O bebê parece estar muitas vezes pouco agasalhado para o frio que está em casa, e uma *t-shirt*, despida antes do banho, pode servir de babador para limpar a boca ao jantar. A fralda é regularmente trocada quinze minutos antes do banho e reutilizada após este.

Contenção

O bebê passa muito tempo no bebê conforto e na espreguiçadeira, como se essa espécie de exoesqueleto, de pele externa fornecida pelas diferentes cadeirinhas propiciasse a contenção interna (pele psíquica criada por meio dos ritmos, rotinas, diálogos, espaços, jogos e brincadeiras etc.). Quando é solto no tapete do chão da sala, o bebê fica feliz e explora ativamente os movimentos e possibilidades do seu corpo.

Brinquedos

Não são apresentados e nem facilitados, como se não tivessem qualquer importância. A observadora oferece, logo no início, um coelhinho de pelúcia, a partir do qual a mãe compra um gatinho similar, que, juntos, passam a acompanhar o bebê na sacola da "ama". Mais para a frente na observação, o bebê liga-se à observadora por meio de um livro com história e músicas de um filme da Disney, que esta lhe dá no seu primeiro aniversário. O bebê traz com satisfação o seu livro quando deseja brincar com a observadora, criando-se um espaço potencial de fantasia e imaginação, propiciador de uma possível alfa-betização da relação mãe-bebê nesse campo, pois algumas vezes a brincadeira estende-se prazerosamente aos três.

Televisão

Encontra-se sempre ligada, e tudo ao redor parece orbitá-la. O seu volume alto e o seu tamanho desproporcionalmente grande não favorecem a criação de ritmos e condições de sono e alimentação. Parece ter múltiplas funções:

- usada como "chupeta", mas sem o papel calmante de consolo oral que permitiria ao bebê permanecer ligado ao ambiente;
- de preenchimento espacial e relacional (a mãe não usa a fantasia, imaginação, para entrar em contato com o filho, cantando, ensinando gracinhas, conversando, brincando etc.);
- de distanciamento (o ambiente fica saturado de luzes e sons). A sobre-estimulação poderia vir a dar origem a uma criança excitada ou hiperativa, o que não parece ter acontecido com o bebê. Curioso e investigador, o bebê sempre se mostrou seletivo em relação à programação (dois ou três desenhos animados com músicas e temáticas afetivas e relacionais adequadas à sua idade), buscando a relação e a exploração de brinquedos quando os programas não lhe agradam.

Apresentação

As pessoas que entram no cenário da observação (família, amigos, animais etc.) não são apresentadas à observadora, assim como a mãe parece ter dificuldade em conversar e apresentar o mundo ao filho.

Transições e elos

A dificuldade de fazer as transições e os elos apresenta-se refletida numa série de descontinuidades e mudanças abruptas que sabemos não favorecer a criação de uma verdadeira pele psíquica (Bick, 1967/1991, 1986): gravidez não planejada; reconhecida tardiamente; desmame precoce e abrupto; a mãe, ainda de licença-maternidade, coloca o bebê subitamente na "ama"; a avó materna emigra, inesperadamente, para outro país etc.

Diálogo e conversa

Contrariamente ao pai, que conversa, estabelecendo diálogos emocionais com o bebê, a mãe parece não sentir tanta necessidade de conversar com o filho. Não canta músicas de embalar, não propõe brincadeiras, não introduz, explica ou apresenta coisas ou mudanças. Também com a observadora, os fatos são lançados para despertar o interesse, como pequenas manchetes-iscas, mas esta só terá acesso à notícia inteira, se perguntar. A mãe parece desejar/precisar que a observadora demonstre o seu interesse, sentindo-se talvez então confirmada e autorizada a contar as suas preocupações. Do contrário, mantém-se contida e calada com as suas angústias.

Confusão de línguas

A impossibilidade de diálogo, de usar a fantasia e a musicalidade ou o jogo para se comunicar com o bebê, levará a mãe a ter uma aproximação em que prevalece a excitação e a sexualização? O *holding* e o *handling* têm frequentemente um colorido intrusivo: a mãe atira o filho ao ar e deixa-o cair (gerando um misto de prazer e ansiedade); aperta-o excessiva e inoportunamente, contra a sua vontade; beija-o na boca e dá-lhe longos beijos no pescoço; estimula o pênis quando o troca ou banha. O bebê reage, afastando-se e esbracejando para se livrar da insistência materna. Essa atitude intrusiva evoca a famosa confusão de línguas descrita por Ferenczi (1932/1992): o bebê pede ternura e a mãe excita-o, quer aconchego e ela sexualiza a relação.

Parece acrescer um temor ao feminino, como se tivesse de confirmar a virilidade e a vitalidade masculina do filho. Diz algumas vezes: "Se cair, é da maneira que aprende logo..."; "Queimou a mão no aquecimento e agora nem chega perto, aprendeu!..."; "Outro dia caiu dez degraus da escada... e agora tem cá um cuidado..."; "Ai, filho, você é muito sensível...". Estimula, assim, o lado masculino e ativo da bissexualidade psíquica, defendendo-se da vulnerabilidade e da fragilidade? Ou defende-se do seu bebê imaginário menina? O bebê real parece ser, no entanto, um menino tão sensível como corajoso, tão amoroso como destemido e desejoso de comunicar e aprender.

Dueto em dó menor

Até a 30ª observação – a pele

Paul Valéry diz-nos que "o mais profundo é a pele". A sua importância como órgão que tudo reveste, envelopando e unificando, ou seja, que está na origem de tudo, é atestada nas expressões cotidianas que dão conta da variedade de sentidos ao redor da pele: à flor da pele, ficar com pele de galinha, não lhe vestir a pele, ter duas peles, dentro da pele, estar na sua pele, lobo em pele de cordeiro etc., como as utilizadas no instigante título do trabalho de Régine Prat (2010).

Sabemos desde Freud – "O ego é primeiro e acima de tudo um ego corporal" (1923-1925/1976c, p. 40) – que o corpo é o lugar da experiência emocional e da construção do pensamento.

> *O próprio corpo de uma pessoa e, acima de tudo a sua superfície, constitui um lugar de onde podem originar--se sensações tanto externas quanto internas. Ele é visto como qualquer outro objeto, mas, ao tato produz duas espécies de sensações, uma das quais pode ser equivalente a uma percepção interna. (Freud, 1923-1925/1976c, p. 39)*

A sensorialidade da experiência tátil pode ser então tomada como modelo da experiência psíquica.

Do nascimento até ao redor da 30ª obs., o ambiente é marcado por uma série de descontinuidades e rupturas que parecem ter se constituído como terreno fértil para eclodir uma doença psicossomática de pele. Possível criação de uma segunda pele (Bick, 1967/1991; Meltzer, 1975/1986) e não de uma verdadeira pele psíquica? Descoberta "inesperada" da gravidez do quarto para o quinto mês; o casamento marcado teve de ser adiado por três meses; nascimento subitamente por cesariana; desmame abrupto aos 2 meses; colocado na "ama" aos 2 meses e meio, estando a mãe de licença maternidade até os 6 meses; casamento novamente adiado por mais 6 meses e remarcado pela segunda vez por dificuldades financeiras ligadas aos subsídios à maternidade e à sazonalidade da profissão do pai.

A emigração inesperada da avó materna, levando a mãe a deprimir-se e a afastar-se do bebê, parece ter sido o disparador do seu adoecimento aos 3 meses e meio (9ª e 10ª obs.), que se manteve até ao redor dos 9 meses. Pele psicossomática, com diversas modulações e sucessivos diagnósticos: crosta láctea (2 meses), pele seca (3 meses) e pele atópica (4 meses). Dos 4 meses (12ª obs.) até os 8 meses e meio (30ª obs.), instala-se um crescente e penoso desconforto configurado como alergia ao leite em pó (5 meses) e alergia à lactose (5 meses e meio). Aos 6 meses, coincidente com o retorno da mãe ao trabalho (19ª obs.), a alergia ao leite de vaca configura o auge do mal-estar. O bebê sente permanente e aflitivamente dor e coceira, chegando a ter praticamente todo o corpo em ferida (20ª obs.). Com 7 meses, é diagnosticado com eczema (24ª obs.) e vive-se um grave impasse. O bebê faz uma parada no desenvolvimento, recusando-se a sentar e não engatinhando. Aos 8 meses, o casamento marcado pela terceira vez está confirmado para o próximo mês.

Colocam-se algumas hipóteses e conjecturas transversais a várias dimensões: 1) pessoais, e ligadas às descontinuidades, talvez não suficientemente integradas e vividas precocemente tanto pela mãe como pelo pai; 2) conjugais e sociais, pela sobrecarga de trabalho da mãe, uma vez que o pai não pode oferecer estabilidade financeira à sua família; 3) culturais, à medida que a forte cultura religiosa de origem da mãe a possa ter levado a sentir-se "vivendo em pecado" até ao casamento.

Em termos da parentalidade, o *puzzle* da triangulação parece difícil de encaixar pela juventude do casal e o inesperado do bebê, acentuado com a partida da avó materna, reabrindo feridas e rupturas precoces e levando a mãe a um período de clara depressão. Sabemos que o objeto continente é sentido concretamente como uma pele, tem "como função interna conter as partes do *self* e depende, inicialmente, da introjeção de um objeto externo, sentido como capaz de cumprir esta função" (Bick, 1967/1991, p. 194). A mãe parece viver a maternidade funcionalmente, num registro muitas vezes de superfície (bidimensionalidade) e de indiscriminação de espaços e tempos, sem criar os elos, os ritmos, a *rêverie* e a continência que permitam ao bebê criar uma verdadeira pele psíquica. Pressiona o bebê a adquirir uma pseudoindependência, mantendo-o, por outro lado, muito contido (bebê conforto, espreguiçadeira) ou aderido a ela, em mensagens ambíguas. Excita-o com demonstrações afetivas intrusivas, favorecendo mais o corpo a corpo adesivo do que a tri e a tetradimensionalidade da mente a mente psíquico.

Allegro vivace

Da 30ª à 59ª observação – o casamento

O casamento, duas vezes adiado, é marcado pela terceira vez. Esse fato, ao redor da 30ª observação, parece constituir um *turning point* organizador e estruturante. As configurações do *puzzle* conjugal e parental começam a discriminar-se pelo crescente encaixe das peças, expresso em alguns desenvolvimentos:

Aos 8 meses e meio (30ª obs.), os preparativos para o casamento tomam o cenário familiar. O bebê faz uma surpreendente recuperação física e psíquica, com a retomada do desenvolvimento: a pele fica limpa de feridas, senta-se equilibradamente sem apoio, e quinze dias depois já engatinha sem dificuldade.

A excitação e a confusão de línguas, não se tendo dissolvido totalmente, vai dando lugar progressivamente ao encantamento pelo bebê. Ainda que tardiamente, a mãe parece ir resgatando a linguagem da ternura.

Aos 9 meses descobre-se que não é alérgico a leite de vaca.

Com 9 meses e meio (33ª e 34ª obs.), dá-se o casamento e a lua de mel, com a posterior observação emocionante e estética de uma boa/bela cena primitiva (35ª obs.), surgindo já com clareza a imagem do *puzzle*, resultante do encaixe mais harmonioso das "peças-chave".

O bebê passa a ter o seu quarto (37ª obs.) e sai do quarto dos pais, agora casados! A conjugalidade mais consolidada parece favorecer a parentalidade.

Dá um salto no desenvolvimento, engatinhando agilmente, explorando a casa (perto e longe) e brincando. A parentalidade parece mais introjetada.

O bebê é batizado no dia em que faz 1 ano (40ª e 41ª obs.). Vem toda a família que vive fora, o que parece ativar a própria infância e o nascimento da mãe, que conta à observadora a sua história de vida (39ª obs.).

O bebê é uma criança simpática e resiliente, encontrando recursos criativos para lidar com o ambiente amoroso, ainda que pouco discriminado.

O registro da 30ª obs. (8 meses e 16 dias – um mês antes do casamento), será transcrito na medida em que resume muitos aspectos já referidos, além de espelhar o retomar do desenvolvimento e a pele curada, coincidentes com a marcação do casamento. O que terá significado o casamento nas suas dimensões cultural, transgeracional e intersubjetiva? Poderemos considerar que o bebê pode retomar o desenvolvimento, pela retomada da conjugalidade adiada dos pais? Pensando no impacto profundo da mente da mãe e do pai no corpo/psiquismo do bebê, poderá o casamento ter-se constituído como concretização da boa cena primitiva tanto para o bebê como para os pais?

O bebê está na espreguiçadeira, muito relaxado, dormindo profundamente, e a TV está, inabitualmente, desligada, assim como a luz, criando um ambiente acolhedor. A mãe parece feliz. Senta-se no sofá ao lado da observadora e fala sobre todos os preparativos do casamento (convites, igreja, fotógrafo, menu, convidados, vestido, os rituais e costumes da sua nacionalidade etc.), o bebê continua dormindo calmamente e sem se mexer. A mãe, inesperadamente, acende a luz forte do teto. Volta a sentar-se e continua contando sobre os vários convidados. Por contraste, a observadora pensa na tristeza da mãe e da irmã por não poderem vir nesse momento importante. O bebê começa a acordar, mexendo as pernas e abrindo e fechando os olhos. Quando abre os olhos, está bem de frente para a observadora. Olha-a demoradamente e esboça um sorriso, voltando a fechar os olhos, até que abre de novo e mantém-se quieto a olhar. A mãe está atrás dele, e ele ainda não percebeu. O bebê observa a observadora, que o cumprimenta. A mãe observa o filho a observar a observadora, como se, de repente, tomasse o seu lugar de observadora e gostasse dessa posição, pelos sorrisos cúmplices que faz e pelo tempo que permite que o bebê a olhe, mantendo-se em silêncio [*o bebê observa a observadora, reconhecendo possivelmente o laço que os une? A mãe observa a observadora em relação com o filho, permitindo que este se interesse por outras pessoas. Terá introjetado a função observante da observadora?*]. Passado um pouco, diz: "Acordou, filho?!...". Ele vira a cabeça para trás, estica os bracinhos e choraminga, "pedindo" que a mãe o pegue. A mãe levanta-o, beija-o e diz: "Ai tão suado, coitadinho; filho, que calor". O bebê está de fralda e uma *t-shirt*. A pele está toda normalizada, como só esteve até aos 3 meses. A observadora sente um imenso alívio! Além da pele lisinha, o bebê está bonito e grande. A mãe passa-lhe a mão pelo cabelo e diz: "Está igualzinho ao meu avô, o meu sangue a vir ao de cima... Cada vez mais louro". Ri-se. A mãe coloca-o no chão e diz: "Mostra à Ana, filho!". A observadora não se contém e, emocionada, diz: "Mas que maravilha, hein, bebê?...". Ele está sentado como se de há muito o fizesse... Totalmente sem apoios e em perfeito equilíbrio. A mãe dá-lhe dois brinquedos [*será que tem vindo a sensibilizar-se para a importância do brinquedo e do jogo, por meio da observadora, que foi dando alguns brinquedos ao bebê? Antes não havia brinquedos e nem o espaço potencial da brincadeira*]. Ele pega a chave de plástico colorida que ora leva à boca, ora abana para chocalhar as bolinhas coloridas. A mãe liga a TV no canal Panda, para a qual o bebê olha, sorrindo para os desenhos/músicas que lhe agradam e lhe são familiares. A certa altura, a mãe sai para a cozinha e o bebê chora na direção dela [*não entra em desespero, mas mostra a angústia dos 8 meses*]. A mãe diz: "Ai, filho, que coisa, tudo a mãe, tudo a mãe... Não pode ser". Fica do corredor olhando com certa satisfação o choro dele [*alimenta uma dependência extemporânea ou retoma uma dependência que não foi vivida inicialmente?*]. O choro com lágrimas vai ficando mais forte, tornando-se uma reclamação. A observadora sente desconforto, pelo prazer da mãe o olhar e deixar chorar. Finalmente, pega-o ao colo, acalma-o e volta a sair para a cozinha. Ele chora na direção da cozinha [*confirma-se a angústia do oitavo mês*]. Uma visita que se encontrava na casa pega o bebê ao colo e senta-se no sofá onde estava a mãe, aninha-o maternalmente, embala-o balançando suavemente e fazendo carinhos na cabeça e nos bracinhos. Limpa-lhe as lágrimas e vai falando suavemente: "Ai, que tantas lágrimas, ai é tudo mãe, tudo mãe, pronto, já passou, a mãe está logo ali. Olha a Ana..." [*a ternura e a suavidade, diferentes do "handling" e "holding" excitante que a mãe lhe costuma oferecer, acalmam-no*]. A mãe volta da cozinha e diz: "Ah, ah, já me trocou por outra... Rápido, né?!...". Ao ouvir a sua voz o bebê retoma o choro [*nesse momento, em que seria para valorizar a terceirização, a mãe a toma negativamente, com ciúmes, retendo o bebê, desejando manter-se a única fonte de bem-estar. Só agora, tardiamente, quando o movimento seria de gradativamente se ir afastando, a mãe está começando a poder viver o encantamento inicial, desejável até os 3 meses*]. A mãe mantém-se afastada, para ele a requisitar mais e mais, e o choro vai aumentando. Decide então dar-lhe banho, começando a despi-lo. O corpo não tem uma única ferida ou vermelhidão. Finalmente a pele sã de um bebê! A mãe diz que vai aproveitar a fralda, que não tem xixi, e leva-o para o banheiro, sentando-o na banheira sem nenhum apoio. O bebê mantém-se em perfeito equilíbrio e com prazer. Tenta pegar os bonecos flutuantes do banho que se afastam com os seus movimentos na água. Choraminga enquanto a mãe lava sua cabeça. Deita-o então para lhe lavar o corpo, e ele está feliz. Tem uma ereção e faz xixi. A mãe ri-se e mexe no seu pênis: "Oh, seu porcalhão, agora... agora..." [*permanece a habitual atitude intrusiva e de excitação no "handling" do bebê. Junta-se a ela, no entanto, uma corrente com laivos de ternura e encantamento*]. O bebê brinca com um brinquedo que afasta com as mãos para observar a distância, aproximando de seguida e levando à boca. Bate com força as pernas, espirrando, com prazer, água por todos os lados. A mãe ri-se e é tolerante, valorizando talvez essa vitalidade como um ato de masculinidade. O bebê começa a vocalizar bastante, repetindo sílabas em tom de conversa, experimentando diferentes tonalidades. A mãe ri-se; ele sorri de volta e continua. Sinto um clima de grande descontração, de brincadeira, de prazer. A mãe deixa-o deliciar-se com a água, com os movimentos, com as vocalizações. Quando o retira da banheira, leva-o para o sofá na sala, onde o seca e lhe passa creme. O bebê, muito enérgico, brinca com a chave de plástico e, por vezes, tenta pegar o tubo do creme. Levanta-se e, subitamente, de uma vez só, passa da posição deitado para sentado. A mãe ri-se, olhando para mim, surpresa e orgulhosa: "Já viu isto?...". Diz que ele tem uma força incrível. Que não para. Que ele caiu e ela teve de puxar a grade do berço para cima, porque ele já tem força para sair. Diz que vai montar o quarto dele. Que ainda tem medo, porque uma vez o bebê chorava e gritava sem parar e ela não o ouviu. Mas que também pode colocar o berço dele de maneira que ele os veja de lá, porque os quartos são em frente [*quem precisa ver quem? Ela tem medo de não acordar... de não ouvir, ou seja, não estar ligada às necessidades do filho?*]. Continua: "Ainda por cima, ele já dorme a noite inteira e nem acorda para tomar leite" [*quem precisa ser alimentado?*]. A mãe veste-o e mostra como ele a ajuda, enfiando os bracinhos na camiseta. O bebê começa a choramingar. A mãe aperta-o, excita-o com beijos na boca e no pescoço, e coloca-o no chão sentado. Ele olha a TV, brinca com uma bola e choraminga na direção da cozinha. A mãe foi buscar o jantar dele e, como habitualmente, vai usando o braço do sofá como mesa. Traz um copo com água, uma tigela com sopa e outra com peixe e verdura, um pote de gelatina industrializada e uma toalha. Senta-se, coloca o bebê ao colo e a toalha como babador. A visita despede-se e a mãe diz para pegar um convite do casamento, mas para não dizer a ninguém que já lhe deu. O bebê choraminga e a mãe diz que ele está cheio de fome: "Oh, filho, não dão comida lá na 'ama'?... Que fome!" [*já é bem tarde e ele está incomodado, pois os horários são mais de acordo com a conveniência da mãe*]. Diz que já introduziu o peixe separado, sem estar misturado na sopa, e ele gostou. Experimentou gelatina, para não ser sempre iogurte, e também gostou. Diz aceitar muito bem diferentes sabores e ter passado a dormir muito bem. O bebê vai comendo com apetite, uma colher atrás da outra [*ela não nomeia, não apresenta o alimento, que seria um início de terceirização*]. A mãe vai alternando ora a sopa, ora o peixe com legumes, ora a gelatina. De vez em quando dá-lhe água pelo copo. Ele tem apetite e vai comendo, colher atrás de colher, enquanto vai olhando os desenhos na TV [*indiscriminação no ritmo da comida e no treino da apreciação de sabores e texturas. A mãe não apresenta a comida ("vai comer agora o peixinho e a batatinha*

*que a mamãe fez..."), nem os sabores ("olha, agora a bananinha...").
A comida e a alimentação ficam restritas à dimensão funcional, não
surgindo a função relacional e lúdica. Nessa fase, já poderia dar alguns alimentos na mão do bebê e uma colher. A alimentação demoraria mais, mas ele iria treinando...*]. No entanto, ela é cuidadosa na preparação da refeição e atenta quando ele não quer mais, respeitando. Quando termina, a mãe coloca-o em pé no chão e aperta-lhe a barriga, que está bem cheinha e redondinha. Ele dá um grande arroto. Começa a ouvir uma música, ri e dança, vocalizando, e treinando a melodia. A mãe sorri, achando graça, e diz: "Acho que ele não se desenvolvia por causa da pele [*a mãe coloca hipóteses e pensa o seu bebê*]. Agora não tem mais nada de eczema e tem outra disposição. Nunca mais se coçou e sangrou. É um alívio, já não sabia o que fazer..." [*a mãe vivia num estado de constante ansiedade, embora não verbalizasse. Contida emocionalmente, não mostrava tanta aflição quanto sentia*]. Pega-o ao colo e dança com ele feliz e, enquanto canta, diz que ele adora esta música [*o bebê pequeno demanda uma comunicação mais simbólica, mais afetiva, que parece não estar bem desenvolvida na mãe, mas talvez as angústias fossem muito intensas até agora e ela possa gradativamente retomar esse diálogo precoce, tão estruturante, que se perdeu. Desaparecendo a ansiedade da pele, ele não se encontrando doente, a mãe parece mais propícia a ter contato descontraidamente com o bebê e estar mais livre para a relação?*]. Ele, sorridente, vai vocalizando e imitando a melodia [*a criança capta a música e a melodia, linguagem pré-verbal que (re)conhece desde sempre*]. A mãe parece estar vivendo um momento de encantamento e repete várias vezes que o bebê adora esta música [*cantar e dançar, é um momento relacional muito importante em todas as culturas para expressar sentimentos, sejam estes de enamoramento ou de guerra etc.*]. Termina a hora. A observadora despede-se do bebê e da mãe. Ela pega na mãozinha dele para fazer o gesto de tchau: "Diz adeus à Ana, diz..." [*começa a*

existir o espaço lúdico das imitações como primórdios das identificações: dizer tchau, mandar beijo, onde a galinha põe o ovo etc.].

Casamento confirmado. O bebê dormindo a noite toda. Pele curada. Retomada do desenvolvimento. Sinais de angústia dos 8 meses. Alimentação variada. A mãe observando a observadora na relação com o bebê. Encantamento a ser retomado. Perspectiva de quarto para o bebê. Cantam e dançam pela primeira vez.

Testemunhamos finalmente a dança simbólica da díade, escutando a melodia da tríade. Terá sido o diálogo precoce estagnado pelo casamento colocado "em pausa"? O laço de encantamento suprimido pelo aflitivo sofrimento da pele? Estará a segunda pele, resultante de fatores transgeracionais e descontinuidades agidas, metamorfoseando-se numa pele psíquica verdadeira, num espaço mental tridimensionalizado? O casamento, próximo de vir a realizar-se, parece ter desencadeado o descongelamento e o re-ligamento do fio quebrado da conjugalidade ao fio em construção da parentalidade. Depois do casamento, o bebê ganha um quarto-espaço-próprio e o casal readquire a conjugalidade na intimidade do seu próprio quarto.

Sinfonia inacabada

Articulações entre conjugalidade e parentalidade

Apoiados nas sessenta observações e, à guisa de conclusão, levantamos articulações entre a conjugalidade e a parentalidade, na intersecção da transgeracionalidade e do ritmo, como constituintes do psiquismo. Verificamos que, desde os 3 meses, o bebê desenvolveu uma doença psicossomática de pele, que se foi agravando até os 9 meses, dando origem simultaneamente a uma parada do desenvolvimento. No momento em que a mãe pôde restabelecer de forma clarificada, dentro e fora de si, a construção da conjugalidade suspensa pelo nascimento do bebê, pôde então estruturar mais consistentemente a parentalidade. O resultado foi a pronta recuperação do bebê e a imediata retomada do desenvolvimento.

Colocamos a hipótese de que a falta da construção da pele psíquica verdadeira, devido a descontinuidades agidas (*acting*) transgeracionalmente, foi compensada psiquicamente pela continuidade assegurada pelo ritmo/musicalidade (profissão do pai e língua estrangeira da mãe). O bebê tem muito ritmo e visível prazer na música. O ambiente da família é muito musical: os pais conheceram-se por meio da música e o pai trabalha com música. A mãe, de origem estrangeira, fala com o bebê na sua língua materna, com uma musicalidade própria, sendo que os momentos esteticamente mais emocionantes da observação foram justamente a mãe cantando e dançando com o bebê (30ª obs.) e escutando com ele músicas de Natal (44ª obs.) do seu país de origem.

O *puzzle* da conjugalidade e da parentalidade parece começar a encaixar. A conjugalidade finalmente oficializada (tanto interna como sociocultural e religiosamente) poderá ter funcionado como pele psíquica para a parentalidade agora "autorizada", permitindo ao bebê retomar o seu desenvolvimento? Curar a pele é também ir estabelecendo uma pele psíquica (e não mais uma segunda pele), ou seja, a sua intersubjetividade, separado mas ligado por meio de um lugar discriminado: filho do casal com o seu quarto? Quarto como "espaço físico dentro da família com tradução psíquica no *self* infantil e como indicador de equilíbrio familiar relacional mantendo a distância suficientemente boa entre as gerações de pais e filhos" (Ferreira, 2002). A parentalidade, até aqui assente na funcionalidade e na ambiguidade (desejar casar mas deixar-se engravidar; desejar este bebê, porque senão não o tinham tido, mas também não o querer, por congelar o casamento), parece ter sido transformada pela conjugalidade, e esta última, dialeticamente, permitindo a desintoxicação da parentalidade, abriu o caminho para a criação de uma verdadeira pele psíquica?

O bebê expressou o seu mal-estar por meio de uma doença psicossomática que parece refletir as descontinuidades precoces (gravidez, desmame, "ama", emigração da avó, luto da mãe), vivências sem os necessários elos e transições que lhe permitissem construir um sentido de continuidade, um envelope psíquico (Houzel, 2010b). Assim que a mãe consegue realizar o seu desejo mais profundo – constituir uma família (a oficialização do casamento parece permitir-lhe apropriar-se da família já construída, não só de fato, mas finalmente de direito) –, o bebê responde com uma pronta retomada do desenvolvimento. O "casamento oficializado e autorizado" e o bebê em desenvolvimento parecem, por outro lado, retroalimentar-se num ciclo benigno, aumentando os recursos tanto da mãe como do bebê.

Perguntamo-nos ainda sobre as competências do bebê. Ele é um bebê resiliente, doce, cheio de recursos: limita a mãe na sua intrusividade; sofre, autocontendo-se; investiga, deseja o conhecimento (K) e o busca ativamente; aprende a brincar; liga-se afetivamente (aos pais, aos brinquedos, aos personagens de histórias – do livro e dos seus programas favoritos da TV – e à observadora). Sabemos que os bebês trazem qualidades próprias que lhes permitem lidar melhor ou pior com o ambiente onde "a cegonha os deixou". Terá ele criado uma segunda pele como um estado transitório de não integração, mantendo o seu verdadeiro *self* oculto, até que o ambiente lhe permitisse um "gesto espontâneo"?

Colocamos como hipótese que a música, esse lugar pré-verbal de afetos, correu sempre subterraneamente nessa família e se tornou um apoio para o crescimento do bebê. O ambiente, apesar de pouco discriminado, tem uma melodia amorosa. Todas as pesquisas de Haag (1990) sobre o pensamento sensorial mostram a coexistência de registros simbólicos pré-verbais e verbais estabelecendo uma trama sensorial, por meio do contato rítmico estabelecido nas trocas de olhares, sons e toques. A transformação da sensorialidade do bebê por meio da relação/*rêverie* com a mãe, prepara a introjeção da continência de sensações-emoções. Nas palavras de Victor Guerra (2014, p. 4): "O ritmo configuraria então uma das primeiras formas de inscrição da continuidade psíquica, um núcleo primário de identidade (identidade rítmica)". E continua: "[...] há algo além do conteúdo da linguagem: a música, a melodia, o ritmo, que podem chegar a ser uma forma de apoio do ser. [...] Há um 'talento' que se relaciona ao ritmo e à sonoridade da língua materna, que forma parte do itinerário existencial do ser humano e, por sua vez, é o sinal de identidade de todo imigrante" (Guerra, 2014, pp. 2-3). A mãe fala com o bebê na sua língua materna, com uma musicalidade própria, que é claramente a língua dos afetos e da intimidade entre os dois. O pai trabalha com música e, em casa, ela está sempre presente no ambiente.

Haag (1990) considera também que as experiências sensoriais são o fundamento da paixão, tanto de conhecer como de ser conhecido, sendo a base da capacidade exploratória e criativa do bebê. Parece-nos que esse bebê e esses pais encontraram uma "harmonização de ritmos", "ritmicidade conjunta" ou "compatibilidade rítmica",

> *uma forma de encontro não verbal, que pareceria ser fundador de um núcleo primário do* self *(identidade rítmica) que, como vemos, continua vigente ao longo da vida e que se revive* a posteriori *em momentos importantes nos quais às vezes a palavra não funciona como forma de elaboração psíquica. (Guerra, 2014, p. 12)*

O papel da observação não seria também esta "sintonização e harmonização de ritmos" não verbal com a família, favorecendo a transformação da pensabilidade pela continuidade da presença, pelo desenvolvimento da empatia com-paixão e pela capacidade continente da mente da observadora? Observação como "atenção continente" para, no "domínio da sensorialidade", acolher "o que Geneviève Haag chama de 'excorporações ou sensações-e-moções'" (Druon, 1995, p. 142). A mãe criou uma transferência positiva com a observadora, revisitando situações precoces da sua própria história, valorizando o espaço do brinquedo/jogo e introjetando uma função observante. O bebê ligou-se à observadora por meio do brincar e dos livros de histórias com músicas, cuja sonoridade-figurabilidade-narratividade talvez tenha contribuído para o seu des-envolvimento, alargando o espaço potencial e intermediário, base de toda a cultura.

Referências

Bick, E. (1986). Futher Considerations on the Function of the Skin in Early Object Relations: Findings from Infant Observation Integrated into Child and Adults Analysis. *British Journal of Psychotherapy*, 2(4), 292-299.

Bick, E. (1987). Notes on Infant Observation in Psycho-Analytic Training. In E. Bick, *Collected papers of Martha Harris and Esther Bick* (pp. 240-256). Perthshire: Clunie Press. (Trabalho original publicado em 1964).

Bick, E. (1991). A experiência da pele em relações de objeto arcaicas. In E. Spillius, *Melanie Klein hoje: desenvolvimentos da teoria e da técnica* (v. 1, pp. 240-256). Rio de Janeiro: Imago. (Trabalho original publicado em 1967).

Bion, W. R. (1987). Making the Best of a Bad Job. In W. R. Bion, *Clinical Seminars: Brasilia and São Paulo, and four papers* (pp. 246-257). Abingdon: Fleetwood Press. (Trabalho original publicado em 1979).

Bion, W. R. (1991a). *O aprender com a experiência*. Rio de Janeiro: Imago. (Trabalho original publicado em 1962).

Bion, W. R. (1991b). *Atenção e interpretação: o acesso científico à intuição em psicanálise e grupos*. Rio de Janeiro: Imago. (Trabalho original publicado em 1970).

Druon, C. (1995). Como o espírito vem ao corpo das crianças em UTI neonatal. In M.-B. Lacroix, & M. Montmayrant (Orgs.), *A observação de bebês: os laços do encantamento* (pp. 235-240). Porto Alegre: Artes Médicas.

Eiguer, A. (1995). *O parentesco fantasmático: transferência e contratransferência em terapia familial psicanalítica*. São Paulo: Casa do Psicólogo. (Trabalho original publicado em 1987).

Ferenczi, S. (1992). Confusão de línguas entre os adultos e a criança: a língua da ternura e da paixão. In *Obras completas* (pp. 97-106). São Paulo: Martins Fontes. (Psicanálise, v. 4) (Trabalho original publicado em 1932).

Ferreira, T. (2002). O quarto da criança. In T. Ferreira, *Em defesa da criança: teoria e prática psicanalítica da infância* (pp. 33-41). Lisboa: Assirio & Alvim.

Fraiberg, S., Adelson, E., & Shapiro, V. (1975). Ghosts in the nursery: a Psychoanalytic Approach to the Problems of Impaired Infant-Mother Relationships. *Journal of American Academy of Child Psychiatry, 14*(3): 387-421.

França, N., & Grunspun, S. (2012). Observação de bebês (método Bick) como instrumento de formação. Trabalho apresentado no V Encontro das Seções Regionais, São Bernardo, Brasil.

Freud, S. (1976a). Vigésima terceira conferência. In *Conferências introdutórias sobre psicanálise (parte III)*. Rio de Janeiro: Imago. (Edição Standard Brasileira das Obras Psicológicas Completas de Sigmund Freud, v. 16, pp. 419-439). (Trabalho original publicado em 1916-1917).

Freud, S. (1976b). O estranho. In *Uma neurose infantil e outros trabalhos*. Rio de Janeiro: Imago. (Edição Standard Brasileira das Obras Psicológicas Completas de Sigmund Freud, v. 17, pp. 273-314). (Trabalho original publicado em 1917-1919).

Freud, S. (1976c). O ego e o id. In *Uma neurose demoníaca do sec. XVII e outros trabalhos*. Rio de Janeiro: Imago. (Edição Standard Brasileira das Obras Psicológicas Completas de Sigmund Freud, v. 19, pp. 11-83). (Trabalho original publicado em 1923-1925).

Gonçalves, M. J. (1998, 2-4 de outubro). *Observação de bebês e escuta psicanalítica*. II Colóquio Esther Bick, Lisboa.

Guerra, V. (2014). O ritmo na vida psíquica: entre perda e re--encontro. São Paulo: SBPSP.

Haag, G. (1986). Hypothèse sur la structure rythmique du premier contenant. *Gruppo, 2*, 45-51.

Haag, G. (1990). L'expérience sensorielle fondement de l'affect et de la pensée. *L'expérience sensorielle de l'enfant, Cahiers du COR, I*, 71-112, Hospital General d'Arles.

Houzel, D. (2010a). A observação de bebês e a mente receptiva. *Infant Observation, 13*(2), 119-133. (Trabalho original apresentado no encontro da Seção de Crianças e Adolescentes da

European Federation for Psychoanalytic Psychotherapy in the Public Sector (EFPP), Atenas, 2005).

Houzel, D. (2010b). *Le concept d'enveloppe psychique* (2a ed.). Paris: Editions In Press.

Kaës, R., Faimberg, H., Enriquez, M., & Baranes, J. J. (2001). *Transmissão da vida psíquica entre gerações*. São Paulo: Casa do Psicólogo.

Knijnik, M. (2011). Falso self, pseudomaturidade, segunda pele e identificação adesiva: uma revisão sobre os conceitos. *Revista Brasileira de Psicoterapia, 13*(2), 81-91.

Lebovici, S. (1987). *O bebê, a mãe e o psicanalista* (F. Vidal, trad.) Porto Alegre: Artes Médicas.

Lieberman, A., Padrón, E., Van Horn, P., & Harris, W. (2005). Angels in the Nursery: the Intergenerational Transmission of Benevolent Parental Influences. *Infant Mental Health Journal, 26*(6), 504-520.

Mélega, M. P. (1987). Observação da relação mãe-bebê: instrumento de ensino em psicanálise. *Revista Brasileira Psicanálise, 21*(3), 309-327.

Meltzer D. (1986). Identificação adesiva. *Jornal de Psicanálise, 19*(38), 40-52. (D. M. Bracco, trad.). *Contemporary Psychoanalysis, 11*(3), 289-310. (Trabalho original de 1975).

Meltzer, D. & Williams, M. (1994). *A apreensão do belo: o papel do conflito estético no desenvolvimento, na violência e na arte*. Rio de Janeiro: Imago. (Trabalho original publicado em 1988).

Prat, R. (1992). Diálogo das emoções. *Jornal de Psicanálise, 25*(4), 129-158.

Prat, R. (2010). Histoire de peau: à fleur de peau, peau de chagrin, peau de vache, tenir à sa peau, avoir dans la peau, être dans la peau, faire la peau, faire peau neuve... *Revue française de psychanalyse, 74*, 1635-1640.

Ungar, V. (2015). O ofício de analista e sua caixa de ferramentas: a interpretação revisitada. *Revista Brasileira de Psicanálise, 49*(1), 15-32.

Winnicott, D. W. (1960). The Theory of the Parent-Infant Relationship. *International Journal of Psychoanalysis, 41,* 585-595.

Winnicott, D. W. (1975). O uso de um objeto e o relacionamento através de identificações. In *O brincar e a realidade* (pp. 121-131). Rio de Janeiro: Imago. (Trabalho original publicado em 1969).

Winnicott, D. W. (1990). Distorção do ego em termos de falso e verdadeiro self. In *O ambiente e os processos de maturação* (pp. 128-139). Porto Alegre: Artes Médicas.

4. Intimidante intimidade: abordagem à observação de bebês pelo método Esther Bick[1]

Ana Belchior Melícias,[2] Henriqueta Maria R. Ginja da Costa Martins[3] e Neyla Regina de Ávila Ferreira França[4]

Introdução

Neste capítulo, abordaremos o tema intimidade no modelo tripartido de observação de bebês pelo método Esther Bick. Por meio da relação mãe-bebê (família), da relação observador-família e da relação observador-grupo de supervisão, podemos ver a

---

1 Trabalho apresentado originalmente como Poster no 50º Congresso da International Psychoanalytical Association (IPA), Buenos Aires, 2017.
2 Psicóloga, membro associado da Sociedade Portuguesa de Psicanálise (SPP). Psicanalista de crianças e adolescentes. Coordenadora no Instituto de Psicanálise da Sociedade Portuguesa de Psicanálise (SPP).
3 Psicóloga, membro aderente da Sociedade Portuguesa de Psicanálise (SPP). Membro efetivo no Serviço de Saúde de Psiquiatria da Infância e Adolescência da Santa Casa da Misericórdia de Lisboa. Coordenadora e responsável pelo projeto psicopedagógico e preventivo da creche "Casa do Bebé" da Associação Crescer e Formar de Lisboa.
4 Psicóloga, membro efetivo e analista didata da Sociedade Brasileira de Psicanálise de São Paulo (SBPSP). Psicanalista de crianças e adolescentes. Docente do Instituto de Psicanálise "Durval Marcondes" (SBPSP). Coordenadora do Curso de Observação da relação mãe-bebê segundo o método Bick (SBPSP).

intimidante contratransferência no laço profundo que a intimidade provoca em seus diferentes grupos. Todos são afetados e mobilizados em seus aspectos mais primitivos frente a essa experiência rica em aprendizagem e formadora de uma atitude psicanalítica.

O método de observação de bebês criado por Esther Bick – e introduzido no curso de formação de psicoterapeutas na Tavistock em 1948 – foi mais tarde alargado para a formação de psicanalistas. Bick (1964/1967) considerava que essa experiência contribuía para aumentar a capacidade de perceber condutas não verbais e treinar a capacidade de conter as próprias fantasias, prevenindo atuações, capacitando ainda a uma indagação constante. O modelo tripartido de observação de bebês consiste em observar uma dupla mãe-bebê por uma hora semanalmente nas condições habituais em que vive e numa família razoavelmente estruturada; registro posterior do observado (fatos, impressões, sentimentos, fantasias); apresentação e discussão no grupo de supervisão.

Intimidade na relação mãe(pai)-bebê

Durante a gestação, as trocas corporais e sensoriais entre a mãe e o bebê preparam o caminho da intimidade, mas é após o nascimento que a intimidade da dupla mãe-bebê se desenvolve por meio de constantes encontros e desencontros. Para que o bebê possa construir uma relação de intimidade, precisa da presença de uma mãe suficientemente boa (Winnicott, 1971/1975), com capacidade de *rêverie* (Bion, 1962/1991a) e uma afetividade que não seja excessiva (erotizando a relação numa confusão de línguas – Ferenczi, 1932/1992), inconstante (favorecendo descontinuidades bruscas) ou caótica (gerando a confusão e a ambiguidade em mensagens paradoxais). Se não houver suficiente função alfa-betizante (Bion, 1962/1991a), a intimidade pode tornar-se intimidante, revelando aspectos pulsionais e narcísicos do funcionamento da dupla mãe-bebê e levando a movimentos de (con)fusão no inevitável processo de separação. No entanto, a mãe psiquicamente adulta, com a integração da sua bissexualidade psíquica e das funções materna e paterna, sendo sustentada interna e externamente pelo pai, tem prazer na identificação profunda com seu bebê, podendo viver num estado de preocupação materna primária (Winnicott, 1956/2007) sem com ele se (con)fundir, para levá-lo gradativamente da ilusão para a desilusão, da dependência absoluta para a relativa.

A confiança do bebê na mãe constitui o ponto de partida para a construção da intimidade psíquica, dentro de uma descontinuidade mais ou menos imprevisível sob um fundo de continuidade previsível (ritmos). Os desencontros criam abalos, mas as falhas maternas são necessárias ao desenvolvimento do bebê no sentido da separação face à autonomia e à construção de um espaço psíquico próprio que escapa à mãe. A descoberta desse lugar íntimo, secreto, preservado do olhar e do saber da mãe, corre *pari passu* com a descoberta de que a mãe não é transparente, atualizando o conflito estético (Meltzer & Williams 1988/1995) e instalando o cenário edípico e suas angústias correlatas. Assim, a intimidade constrói-se gradualmente na partilha, mas também no limite dessa partilha: no interdito. A função de ligação, na diferenciação dos corpos e dos psiquismos, fundamental na construção de uma pele psíquica (Anzieu, 1988/1989), e a função de cuidados e proteção, com um bom *holding* e *handling* (Winnicott, 1941/2000), permitem a criação e a recriação de um verdadeiro *self*, um espaço psíquico subjetivo de liberdade e autenticidade (Winnicott,1979/1983) e o abrigo da intrusão do outro a serviço da boa dependência emocional.

Nesse sentido, pode dizer-se que a intimidade da relação mãe-bebê se constrói na dialética presença-ausência, com o hífen como terceiro elemento, unindo e separando simultaneamente (Guerra, 2007). A experiência de intimidade constitui-se como uma área intermediária, potencial, entre o objetivo e o subjetivo, entre a realidade e a fantasia, entre o eu e o outro, oposta à (con)fusão, contra a angústia de separação.

Intimidade na relação observador-família

A tarefa do observador é treinar sua função analítica por meio da observação da relação mãe(pai)-bebê, ou seja, testemunhar intimamente o laço matriz, originário do psiquismo, na passagem da ilusão para a desilusão gradativa, da perda da simbiose mãe-bebê (*oneness*, modelo diádico) para a progressiva construção da intimidade, que se traduz na construção da ligação entre os dois separadamente (modelo triádico da mente) e no espaço intermediário, nem de um, nem de outro.

A intimidade da relação mãe-bebê submete o observador à vivência de uma intimidante contratransferência primária, se assim a pudermos chamar, colorida por intensas angústias arcaicas e difusas, por meio das quais o observador retoma e resgata aspectos internos profundos de intimidade consigo próprio e com o outro. A função que necessita desenvolver é manter-se em capacidade negativa, conectando-se intra e intersubjetivamente. Ele desenvolverá uma intimidade emocional, oferecendo-se como um objeto transicional, uma mente receptiva e continente dos afetos mais primitivos (Houzel, 2010). Gradativamente, será levado a construir uma intimidade secundária, ou seja, criar uma função observante na boa distância emocional, envolvendo-se e des-envolvendo-se permanentemente nas suas múltiplas funções: observar o bebê com a mãe, com o pai, com os irmãos e com o observador; contatar o bebê que ele foi, revisitando as relações com os seus objetos internos; sentir como é/foi mãe-pai dos seus bebês e como contém (*rêverie* e capacidade negativa) os aspectos arcaicos dos seus analisandos crianças, adolescentes e adultos.

No primeiro tempo da observação do bebê na família, o observador despe-se de teorias e das ferramentas do *setting* analítico habitual. Treina sua capacidade negativa (Bion, 1970/1991b), podendo, assim, tolerar o desamparo frente a esse desconhecido tão inquietante como familiar (Freud, 1917-1919/1976). Quando compartilha um tipo de comunicação essencialmente "não verbal", ele aceita as diferenças na intimidade partilhada, considerando que os outros (não Eus), mães, pais ou bebês, nunca estão totalmente fora de si (Eu). Acede e suporta o impacto da intensa emoção (com)partilhada na porosidade de fronteiras entre todos os elementos envolvidos, por meio de uma *re-co-naissance* afetiva (Ettinger, 2006). A empatia com-paixão permite-lhe vivenciar, dinamicamente, as inevitáveis identificações com os bebês, com os pais, com o coordenador e com os outros observadores do grupo de seminário, favorecendo a crescente diferenciação e a autonomia de cada um.

Evocando a experiência do encontro íntimo com a família, o observador perscruta e mergulha na intimidade consigo mesmo no segundo tempo de escrita semanal das observações. O ato da escrita acontece numa oscilação permanente entre um lugar de estranheza e um lugar de prazer, entre a presença e a ausência, entre o dentro e o fora, entre o sensorial e o emocional, entre a fusão e a diferenciação, entre a paixão e a razão. De um lado, o inconsciente em forma de observação da relação mãe-bebê o faz (re)-viver a intimidade da relação primária, colocando o observador em contato com uma diversidade de emoções primitivas que acordam dúvidas, dores e ansiedades. De outro lado e ao mesmo tempo, a escrita permite o exercício de contenção, de secundarização e de treino da capacidade de permanecer na posição do terceiro.

Por último, surge o seminário e o encontro com o coordenador/grupo. Esse espaço de encontro íntimo favorece a reflexão e a procura de significados sobre os dados sensoriais, emocionais e racionais obtidos. Afastados das defensivas discussões teóricas, emergem padrões relacionais – mãe-bebê, mãe-pai, pai-bebê, bebê-irmãos e família-observador – com base nas emoções partilhadas pelo grupo. O seminário semanal poderá, assim, oscilar entre a intimidante intimidade (ora no sentido persecutório, ora no sentido de indiferenciação) e o clima de verdadeira e crescente intimidade fraterna com os colegas, contando com a função materna e paterna da coordenadora. Essa dimensão da intimidade mais relacional, para além da experimentada na observação e na solitária redação, conduz à reflexão do observador-coordenador--grupo. O valor total dessa partilha é bem mais do que a soma das partes envolvidas, expandindo os níveis de compreensão intra e intersubjetivos.

Para concluir, como no originário laço mãe-bebê, a intimidade é um laço essencial e significativo, que acontece num espaço potencial cuja comunicação recíproca se dá intra e intersubjetivamente. Seja na relação mãe(pai)-bebê, na observador-família, na observador-coordenador-grupo e, posteriormente, na relação analista-analisando, a intimidade parece ligar-se à capacidade de estar só (Winnicott, 1958/1990), ou seja, de estar ligado quando separado e de estar junto sem se fusionar, mantendo a boa distância num clima de gesto espontâneo.

Para que a intimidade não se torne intimidante, é requerido ao observador uma fluidez, oscilação e reorganização permanente Ps ↔ D (Bion, 1962/1991a) entre envolver-se e des-envolver-se, entre intimidade primária (consigo) e secundária (relacional), entre fusão e diferenciação, entre sensorialidade e aparelho para pensar.

A intimidade e o grupo de seminários

As reuniões do grupo de observadores com o coordenador são semanais. Essa regularidade rítmica é facilitadora e organizadora da necessária intimidade a ser criada entre o grupo e o coordenador, assim como a mãe cria, aos poucos, os ritmos reguladores na sua relação com o bebê.

O objetivo das reuniões é o acompanhamento das observações e a discussão de todo material colhido durante a hora de observação, procurando compreender o que ocorre na relação mãe-bebê e fazer conjecturas psicanalíticas sobre o que ocorre na dupla; e, ainda, observar e trabalhar os sentimentos que foram mobilizados no observador durante o encontro.

Os pais aguardam a chegada do bebê com certa ansiedade e os participantes do grupo de observação apresentam certa apreensão até conseguirem uma família com um bebê que se disponha a recebê-los em sua casa uma vez por semana.

O coordenador tem como primeira tarefa apresentar ao grupo o método de observação e a técnica concebida por Bick. Nesse início, são discutidas as dúvidas, as ansiedades e as fantasias dos participantes frente à nova tarefa. O papel do coordenador é muito importante e consiste em trabalhar as resistências e angústias dos observadores, criando condições facilitadoras para a realização do trabalho.

Todos estão mobilizados para encontrar uma família com um bebê, que se disponibilize a receber um observador por um período entre um ano e um ano e meio. Nesse momento, observamos o quanto alguns observadores têm mais dificuldades em encontrar um bebê do que outros. Haverá resistências? Angústias que precisarão ser superadas? O grupo funciona como continente das dificuldades, possibilitando que estas sejam trabalhadas e elaboradas para o prosseguimento da tarefa de observação proposta.

Uma vez encontrada a família, é feito o contrato de trabalho e dá-se início às visitas semanais de observação. Esse início é gerador de ansiedades, e o papel do coordenador e do grupo é trabalhar as dificuldades e fantasias que se apresentam. Assim, coordenador e observadores desenvolvem uma relação de intimidade durante o trabalho de acompanhamento das mães e de seus bebês junto às famílias. É importante salientar que o coordenador participa e é afetado nessas trocas íntimas com os diversos membros do grupo do seminário e, dessa maneira, participa da intimidade do grupo e da família; isso é necessário para facilitar a captação do que ocorre nas observações e como o grupo está funcionando. É necessário estar sempre atento para captar e trabalhar situações, quer individuais, quer fenômenos de grupo, que possam perturbar o trabalho, e dar uma continuidade aos encontros de forma criativa e produtiva.

Com o transcorrer do trabalho, coordenador-observador--grupo desenvolvem uma relação de confiança e intimidade crescente, permitindo que sentimentos e fantasias emerjam e fluam. O fato de o coordenador partilhar com o grupo sua apreensão dos fenômenos que ocorrem nas observações e nas relações que se formam entre os participantes, principalmente em relação às identificações, é de grande valia para o desenvolvimento da função analítica do grupo.

A conduta do coordenador deve ser firme e delicada, deve cuidar para que o foco da observação se mantenha e facilitar o desenvolvimento e crescimento do grupo. É uma situação diferente da que ocorre na clínica, em que utilizamos a interpretação. A sua função será ajudar os observadores a suportar o desconhecido e construir um espaço para conter as ansiedades, como o surgimento de uma atitude ativa para resolver os problemas da mãe e seu bebê, querer orientar as famílias ou até rivalizar com a mãe criticando-a. O clima de intimidade da situação de observação revela as características da personalidade dos observadores.

Algumas vezes, ocorrem situações que comprometem o próprio método de observação e o andamento dos seminários. Nesses casos, o papel do coordenador é fundamental, seu conhecimento tanto das dinâmicas pessoais como de grupo e sua experiência permitem-lhe manejar situações que comprometem o próprio método de observação, o andamento dos seminários e o desenvolvimento da intimidade. A função do coordenador será ajudar a suportar as ansiedades frente ao desconhecido e construir um espaço de intimidade intra (cada observador com seus próprios sentimentos) e intersubjetivo (cada observador com sua família e com os demais participantes do grupo). O enquadre dos seminários deve ser flexível, mas rigoroso, assim como a conduta do coordenador deve ser firme e delicada, cuidando para manter o foco das observações e oferecendo-se, portanto, como o terceiro contentor das ansiedades mobilizadas pelas situações arcaicas, promovendo a verdadeira intimidade no grupo.

Para que a intimidade não se torne intimidante é necessário que a relação coordenador-observador-grupo se torne uma mente receptiva (Houzel, 2010), um continente para a contratransferência as angústias de cada observador.

A situação de contato com a intimidade da dupla mãe-bebê poderá promover o desenvolvimento do observador e do grupo. O fato de o observador poder partilhar com o grupo suas experiências de intimidade, seus sentimentos, sensações, sonhos noturnos e fantasias é de grande valia para o desenvolvimento da função analítica.

Considerações sobre um trabalho de supervisão realizado por Skype

Uma dupla de observadoras de Portugal e uma coordenadora do Brasil constituíram um grupo de seminário para a observação da relação mãe-bebê via Skype. Inicialmente, conheceram-se pessoalmente, estabelecendo uma relação não virtual, considerada vital para iniciar o trabalho de supervisão a distância. Nesse encontro, foram estabelecidos os objetivos do trabalho, adotando os mesmos critérios dos cursos presenciais preconizados pelo método Esther Bick no que diz respeito ao *setting* e à frequência semanal em horário fixo.

Os encontros via internet, com audição e visualização simultânea dos rostos do coordenador e das observadoras na tela, permitiu criar uma dinâmica de intimidade para que o trabalho fosse produtivo e atingisse sua finalidade. A comunicação via internet não foi diferente da dos grupos presenciais, mas acreditamos que não seria possível num grupo com muitos participantes e pessoas com pouca experiência. O número reduzido de participantes e a maturidade pessoal e profissional das observadoras (duas analistas associadas, com longa experiência clínica no atendimento de crianças), facilitou a criação e o desenvolvimento da intimidade com os bebês nas famílias (uma vez que todas as observações puderam ser partilhadas e pensadas no grupo) com a coordenadora e as duas observadoras.

Um dia, estando entre nós dois o Atlântico,
Senti a tua mão na minha;
Agora, tendo a tua mão na minha,
Sinto entre nós dois o Atlântico.
(Zangwill, 1957, p. 33)

Referências

Anzieu, D. (1989). *O eu-pele*. São Paulo: Casa do Psicólogo. (Trabalho original publicado em 1988).

Bick, E. (1967). Notas sobre la observacion de lactantes en la enseñanza del psicoanalisis. *Rev. de Psicoanalisis, 24*(1), 97-115. (Trabalho original publicado em 1964).

Bion, W. R. (1991a). *O aprender com a experiência* (P. D. Corrêa, trad.). Rio de Janeiro: Imago. (Trabalho original publicado em 1962).

Bion, W. R. (1991b). *A atenção e interpretação: o acesso científico à intuição em psicanálise e grupos*. Rio de Janeiro: Imago. (Trabalho original publicado em 1970).

Bion, W. R. (1991c). Uma teoria do pensar. In E. B. Spillius (Ed.), *Melanie Klein hoje* (v. 1, pp. 185-193). Rio de Janeiro: Imago. (Trabalho original publicado em 1962).

Ettinger, B. L. (2006). From Proto-Ethical Compassion to Responsibility: Besideness and The Three *Primal* Mother-Phantasies Of Not-Enoughness, Devouring And Abandonment. *Athena, 200*(2), 100-135.

Ferenczi, S. (1992). Confusão de línguas entre os adultos e a criança: a língua da ternura e da paixão. In *Obras completas* (pp. 97-106). São Paulo: Martins Fontes. (Psicanálise, v. 4) (Trabalho original publicado em 1932).

Freud, S. (1976). O estranho. In *Uma neurose infantil e outros trabalhos* (pp. 273-314). Rio de Janeiro: Imago. (Edição Standard Brasileira das Obras Psicológicas Completas de Sigmund Freud, v. 17). (Trabalho original publicado em 1917-1919).

Guerra, V. (2007). Le rythme entre la perte et les retrouvailles. *Spirale, 44*(4), 139-146.

Houzel, D. (2010). A observação de bebês e a mente receptiva. *Infant Observation, 13*(2), 119-133.

Meltzer, D., & Williams, M. H. (1995). *A apreensão do belo*. (P. C. Sandler, trad.). Rio de Janeiro: Imago. (Trabalho original publicado em 1988)

Winnicott, D. W. (1975). *O brincar e a realidade*. (J. O. de Abreu, & V. Nobre, trads.). Rio de Janeiro: Imago. (Trabalho original publicado em 1971).

Winnicott, D. W. (1983). Distorção do ego em termos de verdadeiro e falso self. In *O ambiente e os processos de maturação: estudos sobre a teoria do desenvolvimento emocional* (3a ed., pp. 128-139). Porto Alegre: Artes Médicas. (Trabalho original publicado em 1979).

Winnicott, D. W. (1990). A capacidade de estar só. In D. W. Winnicott, *O ambiente e os processos de maturação: estudos sobre a teoria do desenvolvimento emocional* (3a ed., pp. 31-37). Porto Alegre: Artes Médicas. (Trabalho original publicado em 1958).

Winnicott, D. W. (2000). *Da pediatria à psicanálise: obras escolhidas*. (D. Bogolometz, trad.). Rio de Janeiro: Imago. (Trabalho original publicado em 1941).

Winnicott, D. W. (2007). Primary maternal preoccupation. In D. W. Winnicott (Ed.), *Through Paediatrics to Psychoanalysis: Collected papers* (pp. 300-305). London: Karnac. (Trabalho original publicado em 1956).

Zangwill, I. (1957). Sundered. In N. Ausubel, & M. Ausubel (Eds.), *A Treasury of Jewish poetry*. New York: Crown.

5. Neutralidade e abstinência na observação de bebês: o tornar-se psicanalista

Paulo Humberto Bianchini,[1] Alfredo José Pasin,[2] Geny Talberg[3] e Maria Teresa Naylor Rocha[4]

> *Por enquanto o ver não vê; o ver recolhe fibrilas de caminho, de horizonte, e nem percebe que as recolhe para um dia tecer tapeçarias que são fotografias de impercebida terra visitada.*
>
> Carlos Drummond de Andrade, "A paisagem como se faz"

---

1 Psiquiatra, membro efetivo da Sociedade Brasileira de Psicanálise do Rio de Janeiro (SBPRJ). Analista com função didática plena no Instituto de Formação da Sociedade Brasileira de Psicanálise do Rio de Janeiro (SBPRJ). Psicanalista de adolescentes, adultos e casais. Coordenador do Curso de Observação da Relação Mãe-Bebê segundo o método Bick (SBPRJ).

2 Psiquiatra, membro efetivo da Sociedade Brasileira de Psicanálise do Rio de Janeiro (SBPRJ). Coordenador do Curso de Observação Psicanalítica da Relação Mãe-Bebê do Instituto de Formação da SBPRJ. Professor no Grupo de Psicoterapia Pais e Bebês da clínica social da SBPRJ.

3 Psiquiatra, pedagoga e psicóloga, membro efetivo da Sociedade Brasileira de Psicanálise do Rio de Janeiro (SBPRJ). Analista de crianças, adolescentes e adultos. Coordenadora do Curso de Observação da Relação Mãe-Bebê segundo o Método Bick (SBPRJ). Supervisora dos alunos do Curso de Formação em Psicanálise de crianças e adolescentes da SBPRJ.

4 Psicóloga, membro efetivo da Sociedade Brasileira de Psicanálise do Rio de Janeiro (SBPRJ). Analista com função didática plena no Instituto de Formação da Sociedade Brasileira de Psicanálise do Rio de Janeiro (SBPRJ). Psicanalista de crianças, adolescentes, adultos e casais. Coordenadora do Curso de Observação da Relação Mãe-Bebê segundo o Método Bick (SBPRJ).

Um marco na história da formação de todo psicanalista é sua entrada em um instituto de formação. Isso parece valer para todos, mesmo que as exigências variem muito. Nas sociedades filiadas à International Psychoanalytical Association (IPA), qualquer que seja o modelo de formação, três exigências são básicas: análise pessoal, supervisão e cursos teóricos. Na Sociedade Brasileira de Psicanálise do Rio de Janeiro (SBPRJ), em 1974, a observação de bebês, denominada Observação Psicanalítica da Relação Mãe-Bebê (OPRMB) foi introduzida no primeiro ano de formação de psicanalistas de adultos. A atividade tornou-se obrigatória em 1982 e faz parte do curso de desenvolvimento emocional da criança e do adolescente. No início de sua implantação, a observação suscitou muitos debates e ainda hoje é fonte de controvérsias em relação à obrigatoriedade. Entretanto, ela está instituída e seus efeitos podem ser avaliados.

Neste trabalho, iremos apresentar uma reflexão sobre o método Esther Bick de observação de bebês na forma como ele foi inserido na SBPRJ e, em especial, examinaremos sua contribuição na formação do psicanalista. Privilegiaremos as recomendações técnicas de Freud sobre neutralidade e abstinência e seus desdobramentos posteriores.

Podemos identificar quatro tempos no método de observação de bebês, criado em 1948 na Clínica Tavistock de Londres e praticado na SBPRJ.

- Observar, em ritmo semanal, durante uma hora, um bebê no seu ambiente familiar, por um período de um ano (ou dois, em caráter opcional).
- Registrar por escrito a interação do bebê com seu ambiente.
- Debater essa experiência com o grupo de colegas e de coordenadores/supervisores nos seminários semanais.

- Apresentar um relatório ao final de um ano de observação.

O primeiro tempo dessa experiência é vivido no ambiente familiar que nos aceita em sua intimidade. Não sabemos de início por que teriam feito isso, mas pensamos haver uma mescla de motivações conscientes e inconscientes. E o observador? O que ele sabe sobre seu papel? Ele pode nada saber, mas busca seguir a recomendação de que seja discreto, atento, receptivo, delicado e não crítico. Deverá somente observar, não aconselhar e nem interpretar. Não há, durante o primeiro ano, sugestão específica de leitura.

Semanalmente, o observador é acompanhado pelo grupo, ocasião em que há uma reflexão sobre as questões vividas durante a observação. A tarefa, como veremos mais adiante nas vinhetas dos relatos, com frequência é sentida como impossível de ser realizada. Há descrença se alguma família aceitará ser observada. Indagações constantes são presentes sobre o papel e o lugar do observador nessa posição tão estranha ao senso comum.

O desafio inicial do grupo será criar um dispositivo favorável à observação, que, em sua essência, propõe um contato do observador com as experiências emocionais nos limites estreitos entre vida e morte, passando pelas questões de desamparo, de dependência e de criação de significados. Estas são experiências derivadas dos apelos primitivos dirigidos à mãe e aos demais familiares, por meio de comunicações pré-verbais e não verbais. O observador se encontra em posição de ser afetado pelos destinos desses apelos, promotores das possibilidades e dos obstáculos à formação dos vínculos sociais, indispensáveis à sobrevivência emocional e física. Em última instância, trata-se de aprender a vivência da instalação do humano em suas singularidades.

Portanto, devemos ressaltar que, inicialmente, o importante será criar a possibilidade de se vivenciar e investigar o impacto dessas emoções sobre a mãe, sobre os demais familiares presentes e sobre o observador. Ele tem a oportunidade de voltar o olhar para si mesmo e elaborar a experiência, contando com o auxílio do grupo nos seminários semanais e, principalmente, com sua análise pessoal. Por meio desses suportes, poderá conferir significados e, eventualmente, construir narrativas (modelos) para as sensações e emoções intensas que experimenta e para aquelas que acredita existirem nos outros personagens da cena familiar. Esses modelos serão sempre provisórios, teorias *ad hoc*, apreendidas pela experiência viva e que, em outro momento, podem adquirir o *status* de teorias que já fazem parte do acervo psicanalítico.

A busca de um lugar: o tornar-se observador e o tornar-se psicanalista

Verificamos, como muitos outros envolvidos com o método Esther Bick, que é comum entre os observadores o relato de sentimentos de invasão, intrusão e incômodo, por conta da ausência de um lugar claramente estabelecido no ambiente familiar. À semelhança da posição na situação psicanalítica, o papel do observador é definido pelo contrato consciente entre as partes envolvidas e pelas demandas inconscientes facilitadoras, ou não, de desenvolvimento. Há, nesse processo, um entrelaçamento dos componentes intrapsíquicos, intersubjetivos e culturais.

Não ignoramos o impacto da obrigatoriedade da OPRMB na grade curricular estabelecida pelo Instituto de Formação da SBPRJ. Sua aceitação não é simples e cabe aos coordenadores/supervisores manejar a eclosão de conflitos e resistências, favorecendo o processo de desenvolvimento do grupo. Instala-se aí, como acontece em qualquer grupo, um jogo de identificações projetivas e introjetivas que podem, em função do seu excesso, interromper o crescimento.

É nesse cenário, dependendo, pode-se dizer, da maturidade dos personagens envolvidos, que irão se constituir os novos papéis: o tornar-se humano pelo bebê, o tornar-se mãe ou pai e o tornar-se observador.

Nessa perspectiva, o sentimento de invasão e suas variantes (intrusão, violação de intimidade, abuso) nos parece refletir um aspecto da violência suscitada pelo surgimento do novo. O nascimento leva esse elemento ao interior do casal ou da família. O recém-nascido, como uma modalidade de estranho/estrangeiro, provoca uma turbulência emocional no ambiente que o circunda. É a arena onde a luta pela vida e a presença da morte se encontram. Nesse campo, o observador se expõe, sofre, participa e pode vir a ser psicanalista em seu modo pessoal.

Acreditamos que na construção desse olhar a OPRMB pode ter um papel importante. Os seminários semanais são concebidos como lugar de livre expressão dos sentimentos e opiniões dos alunos, procurando criar um ambiente de delicadeza e respeito às singularidades. Esse lugar se encontra na fronteira da análise pessoal, supervisão e avaliação. Portanto, não é difícil cometer abusos, como a tentativa consciente ou inconsciente de colonização de mentes. Nosso objetivo é promover o desenvolvimento de uma atitude mental afinada com a função psicanalítica. A avaliação, ou autorização para ser psicanalista, que diz respeito ao poder da instituição sobre os alunos, precisa ser fundamentalmente pensada e preservada como provocadora de autosseleção. Um elemento importante nessa dinâmica temporal diz respeito ao lugar muito instável e vulnerável do observador, cuja evolução dependerá do grupo que o abriga/obriga. Podemos pensar que essa construção do lugar do observador se assemelha ao vivenciado pelo analista em sua prática diária. O tornar-se observador, como o tornar-se psicanalista, é um processo interminável, com acomodações sempre temporárias.

Em psicanálise, estaremos sempre lidando, nesses momentos críticos, com o encantamento da criação (pulsão de vida) e as emoções do espectro do ódio (pulsão de morte). Ambas precisam ser contidas para que a paixão não seja expressão de violência destruidora, uma vez que o objeto, alvo da admiração, é o mesmo que provoca inveja.

A escrita, tanto quanto outras possiblidades de formulação artística, serve para conter a emoção primitiva, tornando-a acessível ao indivíduo e ao grupo. Um fragmento do *Livro dos abraços*, de Eduardo Galeano, pode expressar o encantamento em sua articulação com o desamparo.

> *Diego não conhecia o mar. O pai, Santiago Kovadloff, levou-o para que descobrisse o mar.*
>
> *Viajaram para o Sul.*
>
> *Ele, o mar, estava do outro lado das dunas altas, esperando.*
>
> *Quando o menino e o pai enfim alcançaram aquelas alturas de areia, depois de muito caminhar, o mar estava na frente de seus olhos. E foi tanta a imensidão do mar, e tanto o seu fulgor, que o menino ficou mudo de beleza.*
>
> *E quando finalmente conseguiu falar, tremendo, gaguejando, pediu ao pai:*
>
> *Me ajuda a olhar! (Galeano, 2016, p. 271)*

Podemos seguir esses movimentos de construção de um olhar psicanalítico por meio de algumas vinhetas extraídas de relatórios de alunos do primeiro ano do curso de formação da SBPRJ, realizadas nos últimos 35 anos. Selecionamos relatos que contêm com mais frequência as expressões invasão, intrusão, abstinência, neutralidade e outras similares.

Relatório 1

Num primeiro momento, perguntei-me do direito a esse lugar. Quais seriam as bases desse contrato?

As regras desse jogo no qual um afirma o seu desejo de jogar, enquanto o outro não sabe do que se trata. Seria justo? Até que percebi que o jogo também era estranho a mim. Havia um mistério a ser desvendado. Não sabia o que ia acontecer. O duro e fértil aprendizado do desconhecido. Como foi difícil despir-me dos preconceitos teóricos e pessoais, de me abrir para surpresas, encarando o outro como ele é.

Seria eu apenas uma observadora. Aos poucos, fui me dando conta da importância do lugar do observador. Aprendiz dos cheiros, da escuta e do olhar.

Relatório 2

No início deste trabalho, me senti bastante confusa, e acredito ter a ver com o momento dele, o início da formação.

As incertezas do que encontrar e as expectativas inseridas na busca do encontro com a psicanálise por meio da formação ficaram bastante evidenciadas.

A reunião com toda a equipe de coordenação, na qual nos foi dito o que não fazer, acirrou o sentimento de insegurança. Eram tantos NÃOS que chegou a se fomentar um clima persecutório nas primeiras reuniões do grupo.

E foi nesse momento, ainda confuso, que fiz os primeiros contatos com a mãe do bebê, sem entender ao certo o que estava fazendo e o porquê deste trabalho.

Ao custo de certo esforço, fui aprendendo a conviver com o não saber, e ele se tornou uma nova forma de aprender.

A observação tem início mesmo antes de serem introjetados seus objetivos e métodos. Delimita-se aos poucos o campo de atuação do observador e do psicanalista por meio de hipóteses, associações e questões levantadas nas reflexões do grupo.

O grupo, da mesma forma, por meio dos encontros, se sintoniza em movimentos, por vezes desencontrados.

Relatório 3

Um ponto importante que desejo registrar é que para mim foi mobilizante e um pouco penoso ter que ficar abstinente de participar na relação mãe-bebê.

Creio que estes dois aspectos, exercício da percepção e abstinência, podem contribuir para a reflexão sobre o lugar do analista em sua clínica.

Do ponto de vista pessoal, esta experiência, por ser tão delicada, me suavizou como pessoa e contribuiu para que eu desidealizasse algumas concepções acerca da maternidade, pois foi muito gratificante ver o bebê se desenvolvendo, ganhando autonomia apesar das crises que ali se passavam.

Outro ponto importante diz respeito ao sentimento de invasão de privacidade que me acompanhou em muitos momentos dessa tarefa.

Notei que, nas vezes em que os irmãos estavam presentes, eu sentia um certo constrangimento com as expressões e ciúmes das crianças em relação à minha presença.

Relatório 4

Ao iniciar esse curso, sentimentos diversos chegaram a mim em vários momentos. Inicialmente perguntas e dúvidas: por que ser obrigada a fazer o curso? Por que é tão difícil achar um bebê? Já havia adiado por um ano esse começo, pois sentia um misto de frustração e falta de coragem de "invadir" a casa de uma mãe e seu bebê que provavelmente não solicitaria por vontade própria essa intromissão. Na minha fantasia, essa mãe preferiria ficar só com seu bebê para se conhecerem e se adaptarem.

Toda semana, depois de um dia estafante, ir longe dos lugares habituais, tocar a campainha e viver momentos com essa dupla trouxe para mim impaciência, ansiedade, raiva, cansaço, mas, ao mesmo tempo, uma imensa curiosidade.

Aos poucos, com as discussões e críticas dos coordenadores, fui visualizando a minha aprendizagem de observar, o que só na prática podemos obter. Nada fácil, pois a cada comentário a sensação era de que, às vezes, estava fazendo tudo errado.

Relatório 5

Nas primeiras observações, senti-me "na berlinda" quando as atenções eram voltadas para mim e eu, me colocando no lugar do bebê, sentia-me sua concorrente nas atenções da mãe. Foi ali, onde mãe e bebê encontravam-se tão fusionados, que me senti como que um elemento estranho e, até certo ponto, perturbador daquela relação. O bebê, à sua maneira, respondia a essa intromissão com gestos e atitudes de flagrante desagrado quando as atenções da mãe eram dirigidas para mim. Isso se repetiu muitas vezes, até que o bebê, bem mais tarde, pôde me descobrir como uma pessoa presente, não como fator de separação entre ele e a mãe, embora essa ideia jamais tenha desaparecido.

Até que começássemos a ser três; tudo era: o bebê, a mãe e uma ameaça de perda da mãe ou de sua atenção.

Relatório 6

Levou algum tempo para que eu conseguisse entender a finalidade e a importância dessa matéria proposta logo nos primeiros dias de frequência à SBPRJ – lugar então por mim idealizado, onde cheguei com sede e expectativa de receber informações, conceitos, teorias... e, de repente, me pedem que observe um bebê recém-nascido por um ano. Apenas observe, nada de leituras, linhas teóricas, ou preconceitos.

Hoje, diante deste relatório, após um ano dessa experiência, penso ser inteiramente impossível descrever em papel sentimentos inomináveis e relatar a intensidade emocional pela qual passei. Penso que colocarei aqui mais a minha perplexidade diante de tantas questões que já imaginava respondidas, talvez por já tê-las vivenciado com minhas próprias filhas, e que agora retornam como incógnitas.

Como toda situação nova, desconhecida, esta não fugiu à regra, tendo somado para mim uma grande dose de sentimentos de insegurança, rejeição, intrusão, hostilidade, desprezo, perda; contudo, *contrabalançada com sentimentos de satisfação, atenção, carinho, consideração e encantamento. O sentimento de intrusão mostrou-se, para mim, praticamente como o responsável pela dificuldade dessa tarefa, pois era inevitável perceber que, junto com a novidade "bebê", chegara um elemento novo e inesperado para participar de momentos muito especiais e pessoais.*

Outro ponto merecedor de destaque, e que me pareceu a situação mais difícil de viver nesta experiência, foi a preocupação com a neutralidade necessária à observação. Neutralidade diante de uma cena que mexe diretamente com nossas emoções mais profundas e desconhecidas; manter-me neutra quando a tendência me arrastava para uma ligação mais íntima com aquela dupla, tendo que lidar com as solicitações de conter a vontade de pegar o bebê, fazer-lhe afagos, ajudar, participar de decisões. Penso que isso marcou toda a minha observação nesse período. Sem dúvida, viver a situação de observação com o mínimo de interferência é um aprendizado difícil.

Sobre neutralidade e abstinência

Nos relatos apresentados, os conceitos de neutralidade e abstinência estão em aparente oposição a invasão, intrusão. Estes se organizam em dois polos que vão da distância insensível à proximidade abusiva. São noções encontradas, invariavelmente, no centro de questões que envolvem a identidade psicanalítica, em nível pessoal, e a política de transmissão de psicanálise, em nível institucional.

Nessa dinâmica, qual é o lugar do observador? Que ligação ele mantém com os papéis familiares? Como pensar a conexão existente com a posição do analista?

Concebemos a OPRMB como uma modalidade de exercício para a atividade clínica psicanalítica. Nesta, o estabelecimento da função do observador entra em cena como um personagem em busca de um autor na configuração espacial familiar, colocando à prova a neutralidade e a abstinência.

Entretanto, como podemos caracterizar esses conceitos? É difícil, ainda que importante, afirmar seus significados seguindo um manual predefinido. Acreditamos que cada aluno/candidato deverá encontrar sua resposta e seu lugar, enquanto a instituição deve se reservar o papel restrito e continente, estabelecendo condições suficientemente boas, por meio da problematização desses conceitos na prática da OPRMB, nas supervisões, nos seminários clínicos etc.

Nessa perspectiva, começaremos a explorar esses conceitos por meio das definições freudianas para, em seguida, correlacioná-las com algumas abordagens posteriores. Para Laplanche e Pontalis (1976), Freud pensa a neutralidade como uma qualidade que define a atitude do analista.

> *O analista deve ser neutro quanto aos valores religiosos, morais e sociais, isto é, não dirigir o tratamento em função de um ideal qualquer e abster-se de qualquer conselho; neutro quanto às manifestações transferenciais, o que se exprime habitualmente pela fórmula "não entrar no jogo do paciente"; por fim, neutro quanto ao discurso do analisando, isto é, não privilegiar* a priori, *em função de preconceitos teóricos, um determinado fragmento ou um determinado tipo de significações. (p. 404)*

Já a abstinência seria o

> *princípio segundo o qual o tratamento analítico deve ser conduzido de tal modo que o paciente encontre o menos possível em satisfações substitutivas para os seus sintomas. Implica para o analista a regra de se recusar a satisfazer os pedidos do paciente e a desempenhar efetivamente os papéis que este tende a impor-lhe. A noção de abstinência está implicitamente ligada ao próprio princípio do método analítico, enquanto este faz da interpretação seu ato fundamental, em lugar de satisfazer as exigências libidinais do paciente. (p. 23)*

Sabemos que as recomendações de Freud, apesar de aceitas pela maioria dos analistas, nem sempre são cumpridas e suas limitações são evidentes. Elas foram endereçadas às condições de analisabilidade próprias dos neuróticos capazes de transferência. Posteriormente, essas recomendações de Freud foram repensadas em resposta aos desafios clínicos. A psicanálise, como método terapêutico, avançou, estendendo-se às crianças, aos pacientes fronteiriços e aos psicóticos. O uso da contratransferência foi valorizado, passando a fazer parte importante da compreensão da comunicação não verbal do paciente acessível ao analista.

Diante dessas novas demandas clínicas, como poderemos correlacionar as recomendações freudianas com as abordagens posteriores? Quais as relações que podemos articular entre observação, neutralidade, abstinência e continência?

O trabalho de Margot Waddell (2006) aponta para a centralidade da observação na obra de Bion e de Bick. Ambos puseram uma ênfase no desenvolvimento emocional e cognitivo de bebês e crianças pequenas em relação a seus pais. Esses autores intensificam as investigações sobre os estados mentais com fragmentação, não integração, desintegração e transtornos de pensamento em psicóticos adultos e em crianças desde o nascimento; eles exploram a natureza das funções integrativas dos continentes psíquicos na vida mental precoce, isto é, os tipos de experiências que promovem as capacidades comuns para enfrentar os problemas do desenvolvimento.

Para Bion (1967/1994), a capacidade de conhecer é conquistada com base nas experiências emocionais com um objeto nutriente funcionando sob domínio do princípio de realidade e que atribui significados à comunicação primitiva pré-verbal ou não verbal. Assim, o significado das emoções, gerado pela interação entre o bebê e seus cuidadores, se torna o centro dos processos que envolvem o pensar e o aprender com a experiência. Bion, em sua obra, está interessado em desenvolver um estado mental que possibilite uma adequada observação clínica, porque, se isso é alcançado, existe sempre a esperança de evolução da teoria apropriada. É nesse sentido que podemos conceber, tanto em Bick como em Bion, um profundo comprometimento com o processo de tornar-se psicanalista, reunindo a prática de observação de bebês com uma teoria sobre observação na clínica.

Visando apreciar em maior profundidade a complexidade da proposta da OPRMB como relevante estratégia de transmissão e de auxílio na construção do lugar do psicanalista, nos valeremos agora da descrição de um único relatório. Tal descrição nos permitirá explorar diferentes aspectos que nos servirão de suporte para as elaborações que se seguem.

Relatório 7

1. Quanto à situação familiar

A mãe tem aproximadamente 40 anos, é casada; o pai do bebê, marido da mãe, se encontra desempregado; o bebê tem um irmão de 2 anos. O recém-nascido é do sexo feminino.

2. O impacto da OPRMB sobre a observadora e a aceitação da tarefa

Como se sabe, esta tarefa é etapa indispensável do curso de formação em psicanálise da SBPRJ, sendo o momento da apresentação do relatório uma oportunidade para refletir sobre a formação e sobre os requisitos pessoais e técnicos necessários para o exercício da psicanálise.

Ao longo do processo, outros aspectos foram se revelando e ganhando importância, transformando a observação do bebê não em um fim em si mesmo, mas, sobretudo, em um instrumento de compreensão da complexidade da tarefa do psicanalista como encontro entre pessoas.

Não pude deixar de me confrontar intimamente e notar a diferença daquela experiência tão nova com relação às minhas ideias sobre os cuidados de que um recém-nascido deve ser alvo: saberes fartamente divulgados sobre a psicologia do bebê e puericultura. A nossa apreensão do fenômeno já está de início contaminada pela nossa história pessoal, preconceitos, idiossincrasias, talentos e limitações e, se dar-se conta desses entraves já é tarefa complicada, despir-se deles me parece tarefa impossível.

A observação do bebê obriga a um contato permanente consigo próprio; talvez por isso seja, às vezes, tão penosa e possa igualmente ser tão gratificante.

As dificuldades inerentes à tarefa foram atenuadas em função da atitude da família frente à observação. Foi receptiva e generosa desde o primeiro contato, não manifestando qualquer preocupação ou dúvida com relação à novidade que eu introduzia em sua vida, pelo contrário, mostrou-se inusitadamente afinada com os requisitos do trabalho.

3. A relação da observadora com a mãe. A questão do desmame

A mãe, apesar de não apresentar qualquer dificuldade na amamentação, parece ansiosa em promover um desligamento da sujeição à amamentação. As razões para isso podem ser muitas: "apressar" o crescimento pode ser uma delas, e pode mesmo haver uma crença na importância dos novos alimentos. A mãe se mostra insensível com as evidentes manifestações de desagrado que a bebê oferece, mesmo reconhecendo, por outro lado, que, pela sua idade, ela ainda só sabe sugar. Do ponto de vista da bebê, vemos que inicialmente ela reage contra o que é provavelmente sentido como uma invasão, mas, impotente e com fome, se deixa alimentar, transformando um momento que poderia ser gratificante em uma experiência ruim.

Na minha opinião, a atitude da mãe em relação a mim, nesse momento, tinha dois movimentos: um de colaboração e receptividade e outro de autoridade; em vez de perguntar e oferecer, ela agia e fazia o que queria. A natureza controladora da mãe é manifesta também na relação com o bebê. Ela introduz desde o início seus substitutos na relação – a chupeta, a chuquinha – como que para se proteger de ser controlada pelo bebê.

4. O impasse da observadora. Em torno dos 9 meses, ela destaca a dificuldade de manter o seu lugar

A posição de assistente neutra e distante é cada vez mais difícil de ser mantida à medida que me torno "parte da família". A minha presença é, como já mencionei, sempre bem-vinda, e minha atenção é solicitada por todos. O irmão mais velho sempre quer brincar, mostrar seus brinquedos, olhar minhas coisas, mas é para mim que olha, tornando-me mais importante. A mãe me faz confidências, pede opiniões, sente que minha presença ameniza sua tarefa de lidar com duas crianças e com o serviço doméstico. Mostra sua gratidão me presenteando com os mesmos cuidados que oferece aos filhos – o suco de frutas da manhã, preparado para todos, é servido primeiramente para mim – e, finalmente, explicitando a importância da minha visita para diminuir sua solidão, me pede para ficar mais um pouco. Respondo que tenho outros compromissos. Ela sorri, ao mesmo tempo que se queixa: fica só com as crianças, não tem amizade com os vizinhos e sente falta de ter com quem conversar.

Pode-se pensar que a minha presença não crítica tranquilizou a mãe e permitiu que ela colocasse um lado mais frágil, que se ocultava sob a aparência de tranquilidade.

5. Da última observação

Chegamos à última observação, que se iniciou em clima difícil. A bebê estava com pneumonia e a mãe era a imagem do desamparo. Sua segurança habitual dera lugar à desorientação total. Ela fora ao médico, tinha a prescrição, mas não sabia como iniciar o tratamento. Minha presença sem dúvida a ajudou a restabelecer sua confiança, garantindo a execução mais adequada da prescrição. Ao final da observação, a febre havia cedido, e a mãe, mais tranquila, falava dos preparativos para a festa quando comemoraria o batismo da bebê e o aniversário dos filhos, para o qual fui convidada. À minha saída, a mãe me levou até a porta com a bebê no colo. Agradeci a generosidade de todos em permitir minha presença durante todo aquele ano. A mãe então diz que ela é quem me agradecia: "Imagina! Você também me ajudou tanto! Hoje eu estava tão nervosa, não sei o que teria feito se não fosse você". Pela primeira vez, a bebê me deu "tchau" com a mãozinha.

Refletindo sobre esse último encontro, não pude deixar de pensar que ele foi atravessado por uma nota depressiva, atenuado pelo convite (aceito) para a festa de aniversário, que continha uma promessa de novo(s) encontro(s). O início e o fim da observação se igualaram na sensação de desconforto provocada em mim. A objetividade do contrato, regulamentando duração, frequência, método e prazo dos encontros, não impede o surgimento de uma relação afetiva, daí que a interrupção gerou um sentimento de vazio e gratuidade, sentimento que, na minha opinião, deve ser levado em conta na avaliação da experiência total.

Tive a sorte de encontrar uma família que me recebeu com confiança, afeto e generosidade, isso gerou uma experiência surpreendente e gratificante. Posso dizer que um impacto positivo foi exercido sobre minha vida pessoal em relação à vivência da maternidade. Este relatório é o testemunho de uma experiência em que predominou o encontro satisfatório entre as necessidades de uma pessoa e a capacidade da outra de satisfazê-las.

Optei por não continuar as observações além do prazo convencional (um ano) e por manter contatos esporádicos e informais com a família, o que vem se dando até hoje. Tenho clareza de que muito dessa opção se deveu primeiramente ao já mencionado sentimento de vazio e de dívida com essa família que me deu tanto. Houve, contudo, um desejo de minha parte de estabelecer um contato mais relaxado, e acredito que foi uma solução satisfatória para ambas as partes.

Em muitos momentos, foi difícil ter que manter uma postura de neutralidade em circunstâncias em que eu era objetivamente solicitada a me posicionar em atitudes ou palavras. Imagino que também, correspondentemente, para a família, a minha postura de observadora foi sentida em determinados momentos como fonte de frustração. Lidar com a frustração é difícil, mas é uma das tarefas mais constantes do psicanalista, e penso que essa intimidade com a frustração faz parte do aprendizado a ser extraído dessa experiência.

Comentários

Pouco sabemos da vida pregressa da mãe e sobre a dinâmica relacional nos seminários semanais com os coordenadores. Contudo, podemos pensar, em livre elaboração, aspectos do modelo da relação da dupla mãe-bebê que influenciaram a relação da mãe com a observadora e desta com o grupo de supervisão.

No relato da observadora, em torno de dois meses se instala um embate entre a mãe e a bebê que assume proporções dramáticas. A luta da bebê contra a introdução da papinha de frutas gera conflitos entre sujeição, dependência e controle. A partir daí, parece se estabelecer um jogo de forças cujo resultado terá que ser a submissão de uma das partes. Será que a atitude crítica em torno da "insensibilidade" da mãe espelha uma identificação da observadora com a bebê? É relevante, no relato da observadora, não haver menção ao início de desmame e à necessidade de volta ao trabalho da mãe, estando seu marido desempregado. No entanto, não seria difícil supor que esse fator possa ter sido um ingrediente poderoso para o conflito se instalar. Haveria aí algo revelador dos sentimentos ambivalentes da observadora? Estaria ela refletindo aspectos apreendidos na relação com a mãe? Será que a observadora se encontrava identificada com a reação da bebê ao provável sentimento de invasão e impotência? Será que, assim identificada, acaba por distorcer as recomendações do método quanto à abstinência e à neutralidade, convencendo-se de que sua posição deveria ser de assistente neutra e distante? Poderíamos pensar num jogo projetivo da observadora em direção à coordenação, reproduzindo os movimentos – de colaboração/receptividade e de controle/submissão – como teria ocorrido entre a observadora e a mãe.

O relatório descreve o desenvolvimento da relação com a família e a importância que a observação teve para todos. Como compreender que o momento de despedida de uma relação satisfatória tenha se tornado desorganizador? É comum, em nossa prática, que as famílias sintam-se agradecidas pela experiência continente da observação; esse apoio é sentido muito além de palavras de consolo ou interpretações. A atenção, o interesse e o cuidado vivenciados pela presença regular e constante do observador exercem um papel positivo sobre os familiares identificados com essa posição. Promove-se a formação de um espaço reflexivo, um lugar onde os familiares abrigam os conflitos gerados pelo nascimento e que lhes possibilita tomarem iniciativas criativas, necessárias para atender o bebê.

Entretanto, em outras experiências, observam-se repetições traumáticas despertadas pelo desmame. Selma Fraiberg (1980/1994) deu uma contribuição importante para a compreensão dessas ocorrências. Ela considera que as angústias não elaboradas retornam do passado, em forma de fantasmas que roubam a cena. Eles aparecem sem serem convidados e, com sua presença ameaçadora, promovem resultados perturbadores no campo familiar. Acreditamos que isso tenha ocorrido nessa observação.

Em diferentes momentos, a observadora se queixa da recomendação acerca da neutralidade e da abstinência como um posicionamento insensível proposto pela tarefa. Refere-se à objetividade do contrato e do método para os encontros como impeditivos para o surgimento de uma relação afetiva. No entanto, ela sente ter surgido uma forte relação afetiva entre ela e a mãe, e que, pela interrupção, acaba por gerar um sentimento de vazio e gratuidade. A observadora, agora identificada com a mãe, se queixa de experimentar uma sensação de desconforto e enfatiza ser necessário que essas recomendações do método sejam reavaliadas. Que motivação estaria subjacente a essa interpretação da OPRMB?

A ressonância do jogo de forças de submissão e exclusão parece não ter facilitado uma solução satisfatória para o impasse vivenciado no campo da observação. Quem irá se submeter ou será excluído? Parece-nos que o conflito entre a mãe e a bebê, no processo de desmame/separação, facilita a instalação dos fantasmas do passado nas diferentes esferas, pessoal e institucional. Eles estariam reivindicando um lugar permanente, não abrindo espaço para a elaboração dos processos de luto, facilitadores de transformações. Por um lado, a observadora se mostra sensível às demandas da mãe, mas, por outro, o espaço se desenha obstruído; os conflitos reduzem as possibilidades de se viver favoravelmente a experiência. Nesse panorama, a observadora acredita que, para ajudar, ela teria que ser necessariamente amiga ou fazer parte da família. Como consequência, o término da observação resulta em sentimento de desamparo e desastre para todos.

Não podemos afirmar ter havido falhas no manejo das angústias de separação nos seminários semanais do grupo, apesar de haver essa possibilidade. Pareceu-nos, de qualquer modo, que o desenvolvimento de todo o processo sofreu o impacto da dificuldade de elaboração das noções de neutralidade e de abstinência associadas à função continente no *setting* da OPRMB. Esses conceitos foram assimilados como uma posição de frieza e de distanciamento afetivo. A decisão de dar continuidade à relação, saindo do "recomendado", foi o modo de a observadora protestar contra um sentimento de invasão ou intrusão causado pelo método da OPRMB?

Para nós, o campo da psicanálise inclui a apropriação de formulações adequadas e operativas das noções de neutralidade e abstinência associadas à continência. Na prática clínica, nos encontramos imersos no caldeirão de emoções informes que, uma vez sonhadas, podem se revelar, posteriormente, como noções teóricas, abstraídas de sua concretude. Essas são nossas teorias psicanalíticas sobre o inconsciente, transferência, contratransferência, situação edípica etc.

Considerações finais

A OPRMB tem a peculiaridade de levar a proposta da observação ao campo da transmissão da psicanálise por meio da prática do aprender com a experiência. Acreditamos que o exercício de observar promova uma função importante no grupo institucional ao criar um espaço de continência das ansiedades dos alunos no início da formação.

Em busca de analisar os efeitos da OPRMB, procuramos, neste trabalho, investigar os conceitos freudianos de neutralidade e de abstinência, que são estreitamente associados à atenção flutuante. Eles ganham novos significados quando aproximados da concepção de Bion (1970/2007) sobre continente/contido e de sua proposta de suspensão de memória, desejo e compreensão. A partir daí, concebemos a abstinência e a neutralidade como forma de continência e a observação como modalidade de atenção. Cria-se o estado mental apropriado para o acolhimento e o respeito ao estranho/estrangeiro transformador do indivíduo e do grupo.

A capacidade de observar o outro e a si mesmo foi concebida por Ronald Britton (1989/1997) em termos do alcance da posição depressiva, concomitante à resolução da situação edípica. O triângulo primário define um espaço psíquico que provê a criança com dois vínculos, conectando-a separadamente com cada genitor e com o vínculo entre eles, do qual a criança é excluída. À medida que esta possa tolerar o vínculo entre os pais, ela internaliza um protótipo de relação objetal na qual ela é testemunha e não participante.

Exploramos, no relatório 7, os diferentes aspectos apontados pela aluna/observadora, visando examinar as dificuldades de uma mãe que, sem o auxílio de uma rede de apoio, recruta a observadora para a função da qual carecia. A mãe impõe um papel à observadora, que, por sua vez, nos parece não conseguir o distanciamento adequado (neutralidade, abstinência, continência) para manejar a complexidade da situação.

A observadora tem razão em comentar no final do relatório: "Provavelmente há muitas outras lições a se tirar desta experiência, que não é de digestão rápida. Esse é o relatório de um processo que acaba de começar".

Para finalizar, não poderíamos deixar de agradecer as famílias que nos acolheram em sua intimidade e aos observadores que compartilharam conosco suas experiências. Para nós, fazer parte do grupo de coordenadores/supervisores é uma oportunidade única para exercitarmos nossa capacidade de abrigar o outro/estrangeiro.

Referências

Bick, E. (1964). Notes on Infant Observation in Psycho-Analytic Training. *The International Journal of Psychoanalysis*, 45(4), 558-566.

Bion, W. R. (1994). Uma teoria sobre o pensar. In W. R. Bion, *Estudos psicanalíticos revisados (Second thoughts)* (3a ed., pp. 127-137). Rio de Janeiro: Imago. (Trabalho original publicado em 1967).

Bion, W. R. (2007). *Atenção e interpretação*. (2a ed., p. 145). Rio de Janeiro: Imago. (Trabalho original publicado em 1970).

Britton, R. (1997). The Missing Link: Parental Sexuality in the Oedipus Complex. In R. Schafer (Ed.). *The Contemporary Kleinians of London* (pp. 83-101). Madison, Conn.: International Universities. (Trabalho original publicado em 1989).

Fraiberg, S., Adelson, E., & Shapiro, V. (1994). Ghosts in the Nursery: a Psychoanalytic Approach to the Problems of Impaired Infant-Mother Relationships. In L. Fraiberg (Ed.), *Assessment and Therapy of Disturbances in Infancy* (pp. 164-196). Northvale, NJ: Jason Aronson. (Trabalho original publicado em 1980).

Galeano, E. (2016). *O livro dos abraços* (13a ed.). Porto Alegre: L&PM.

Laplanche, J., & Pontalis, J.-B. (1976). *Vocabulário de psicanálise* (3a ed.). Lisboa: Moraes.

Rustin, M. (1993). Encountering Primitive Anxieties. In L. Miller et al. (Eds.), *Closely observed infants* (pp. 7-21). London: Duckworth.

Waddell, M. (2006). Infant Observation in Britain: The Tavistock approach. *The International Journal of Psychoanalysis*, 87(4), 1103-1120.

6. Da observação à intimidade mãe-bebê

Maria Cecília Pereira da Silva[1]

A observação da relação pais-bebê, segundo o método proposto por Esther Bick (1948/1967), é uma experiência privilegiada para descobrirmos como se dão a constituição dos vínculos iniciais e as relações de intimidade.

Uma relação de intimidade, como uma ligação emocional intensa, rica e profunda, é proposta por Meltzer (1982/1984), com base na diferenciação que Bion (1962/1990) estabelece entre a relação continente/contido e o que chama de identificação intrusiva. Essa relação de intimidade, apoiada na relação continente/contido, tem como qualidade ser "delimitada pela atenção seletiva", ser um lugar confortável protegido de "toda estimulação irrelevante que emana do interior do corpo" e ser um lugar de exclusividade.

---

[1] Psicóloga, membro efetivo e analista didata da Sociedade Brasileira de Psicanálise de São Paulo (SBPSP). Psicanalista de crianças e adolescentes. Docente do Instituto de Psicanálise "Durval Marcondes" (SBPSP). Coordenadora do Curso de Observação da Relação Mãe-Bebê segundo o método Bick (SBPSP). Membro do Departamento de Psicanálise de Criança e Professora do Curso Relação Pais-Bebê: Da Observação à Intervenção, do Instituto Sedes *Sapientiae*.

Portanto, o objeto da relação íntima é o objeto continente. A relação com esse objeto se faz por meio da identificação projetiva que Bion denominou "realista" e que é a primeira forma de comunicação emocional.

O desenvolvimento emocional depende da possibilidade de vivermos a intimidade nas primeiras relações e de termos nossas necessidades afetivas atendidas e compreendidas pela disponibilidade e *rêverie* materna. Diante de um estado de confusão e de incapacidade para pensar do cuidador a respeito da experiência emocional que o bebê/criança estiver vivendo, será a capacidade de continência e *rêverie* do analista/observador que promoverá a integração e o processo de simbolização e de pensamento, rumo à experiência de intimidade. Magagna (2015) assinala que é só por meio do amor e da continência de nossas experiências emocionais que nós domamos nosso ódio, mitigando nossos desejos e impulsos onipotentes, para nos tornarmos seres humanos capazes de ter intimidade com os outros e preocupados com o bem-estar.

Acredito que o observador, com sua capacidade de *rêverie* e continência, também contribui para que o bebê possa ter esta experiência de se sentir compreendido no encontro com esse objeto observador e com sua mãe, vivendo relações de intimidade e a descoberta estética da beleza do objeto, integrando partes de si mesmo e desenvolvendo sua capacidade de pensar. Sabemos que o encontro do bebê com a mãe ao nascer é a sua primeira experiência estética repleta de paixão. O encontro com os lindos seios e olhos maternos, unidos à capacidade da mãe de digerir suas primeiras emoções e desconfortos por meio de sua função alfa e de *rêverie*, inunda o bebê de admiração e curiosidade que o instalam no processo de pensar (Meltzer & Harris, 1988/1990; Houzel, 1991/1999).

Entrar na intimidade de uma família para observar a chegada de um bebê é uma experiência inusitada. É maravilhoso observar em especial a hora da amamentação, a troca de olhares entre mãe e bebê, o toque das mãozinhas do bebê ao seio, um momento sagrado (Winnicott, 1965/1994). Mas, muitas vezes, o observador se depara com mães deprimidas ou com pouca disponibilidade emocional, mais ligadas às mídias, celulares e às demandas sociais e profissionais do que com os estados infantis, primitivos e não verbais, dificultando a entrada no estado de preocupação materna primária, tão propiciadora para os estados regressivos e para as relações emocionais com o bebê.

Muitas vezes, o observador é o depositário dos fantasmas parentais e do estranhamento diante do bebê desconhecido e, na condição de observador, identifica-se com o desamparo do bebê e se angustia ao reviver suas próprias angústias primitivas.

Cada vez mais, sabemos que, para além da função de formação de analistas, estudos recentes têm descoberto como a experiência de observação de bebês também traz benefícios para a mãe e, consequentemente, para a relação mãe-bebê (Williams, s. d., 1997a, 1997b, 1999; Houzel, 1990; Mélega, 1997, 2002). Bernard Golse (2006) afirma que o observador possui uma função seio-*toilette*, ou seja, funções de acolhimento, evacuação e transformação das pulsões destrutivas da mãe, o que protege o bebê. Podemos dizer que atributos do observador como exercer uma função de escuta analítica, ser treinado para observar, ter a atenção de uma companhia viva, capacidade de continência e uma mente com certo grau de conhecimento de si mesmo, obtidos por análise pessoal, aliados à instauração de um *setting* e certos fatores que são desconhecidos, mas certamente presentes, podem gerar transformações (Lisondo & Ungar, 2002). Então, ao exercitar a continência, o observador propicia o desenvolvimento dessa mesma capacidade na mãe, e esse exercício, portanto, tem sido utilizado também como instrumento terapêutico (Silva, Serber, Mizne, Nogueira, & Vendramim, 2007).

A observação participativa (Williams, 1990, 1997a, 1997b) surgiu com base nesses estudos e, por meio dela, a capacidade da mãe de receber as projeções do bebê e de contê-las se amplia, pois o observador se propõe como um ser receptivo, com um espaço côncavo que a faz se sentir contida, como se fosse uma espécie de *matrioshka* (um processo comparado às bonecas russas: uma dentro da outra, dentro da outra). O observador recebe as ansiedades da mãe, e o tecido conjuntivo psíquico dela se fortalece por meio desse andaime. Então, ela se torna capaz de conter melhor o seu bebê e de pensar. Nas situações em que os pais possuem patologias graves ou são incapazes de conter suas projeções sobre o bebê, o bebê torna-se um "receptáculo" (e não um continente) desses "corpos estranhos" dos pais (em vez de conteúdos), pois ele ainda é incapaz de metabolizar esses aspectos. Nesses casos, a falha da capacidade de continência é extremamente danosa e pode originar o "terror sem nome", como o reverso do modelo continente/contido (Williams, 1997a, 1997b). Um observador pode, então, facilitar o processo de separação sadia ou de discriminação entre mãe e bebê. Frequentemente, a mãe se alia ao observador em sua postura observacional e, desse modo, se distancia da criança, começando, assim, a notar alguns aspectos da personalidade de seu bebê, do que ele gosta e do que não gosta, enquanto uma pessoa com necessidades próprias (Williams, s. d., 1997a, 1997b, 1999). Do meu ponto de vista, acompanhada por Meltzer e Williams, todos esses aspectos da função do observador também favorecem a introjeção de relações de intimidade.

Essas descobertas e outros trabalhos desenvolvidos junto à relação pais-bebê têm fortalecido a importância de acompanhar os recém-nascidos com um olhar mais atento, de realizar intervenções psicanalíticas na relação pais-bebê diante de indicadores de psicopatologias do bebê e, ainda, de investir nos processos de parentalização sempre que necessário (Lebovici, 1986; Lebovici & Stoleru,

1983, Lebovici & Weil-Halpern, 1989, Lebovici, Mazet, & Visier, 1989; Cramer, 1974, 1982; Cramer & Stern, 1988; Cramer & Palacio Espasa, 1993; Golse, 2001a, 2001b; Solis-Ponton, 2004; Stern, 1992; Silva, 2002, 2010a, 2010b, 2012, 2013).

Ao acompanhar vários relatos de observações de duplas mães-bebês como supervisora de seminários de observação de bebês, gostaria de destacar como o olhar continente da observadora pode favorecer uma relação de intimidade da mãe com seu bebê ou mesmo na relação da observadora com o bebê.

Inicio com um pequeno relato de um desencontro emocional entre o bebê e sua mãe, para, depois, com outras cenas de observações,[2] mostrar como o olhar atento e continente da observadora promoveu encontros emocionais e íntimos em algumas duplas mãe-bebê ou na relação da observadora com o bebê.

Nando, 4 meses e 16 dias

Quando a observadora chegou à casa, o bebê estava quase dormindo, embalado pela babá. Logo adormeceu com as mãozinhas ao lado. Dormia um sono leve. Qualquer pequeno ruído que viesse de dentro da casa, da cozinha ou até do jardim fazia com que se movesse. Mexia os bracinhos, as pernas e às vezes franzia um pouco a testa. Parecia que não estava muito confortável. Mexia as órbitas oculares, às vezes movimentava os lábios como que mamando e contraía o corpinho diante de algum barulho do ambiente; parecia em alerta. Após uns dez minutos, a mãe chegou falando alto com o bebê. Acendeu a lareira (automática) e observou que ele estava

---

2 Agradeço às observadoras que gentilmente cederam suas observações: Nídia de Castro Bastos, Tayna Brito, Patrícia Grisi, Fushae Yagi e Raquel Andreucci Pereira Gomes.

com muita roupa. Descobriu-o um pouco e tirou alguns paninhos que estavam em volta de seu pescoço. Fez críticas à babá (que não estava presente), dizendo que ela o agasalhava muito. Imediatamente após, ela, curiosamente, comentou que estava sentindo frio. Olhou para seu bebê, aproximou-se e começou a falar com ele: "Você não vai mamar? Você dormiu, né? Se você quiser mamar, é só avisar que eu te dou. Eu vim para cá pensando em te dar de mamar". Então, ele se remexeu, abriu um pouco os olhos, os fechou novamente e voltou a dormir. Ela se afastou do carrinho, sentou-se no sofá e começou a fazer ligações de trabalho. Aos poucos, a observadora notou que ele se espreguiçou, coçou os olhinhos e relaxou novamente. Seu rostinho estava descontraído e ele sorriu ainda dormindo. Ele parou de mexer as mãozinhas e as perninhas e passou a mexer os olhos sob as pálpebras. Manteve-se assim por uns dez minutos. A babá voltou à sala e, nesse momento, ele abriu os olhos e começou a fazer alguns ruídos com a boca. As duas, que estavam conversando, olharam para a observadora e perguntaram se ele tinha acordado e se aproximaram. A mãe pegou o bebê para amamentá-lo e sentou-se com ele no sofá, longe da observadora; em seguida, começou a despir o seio e pediu para que a observadora se aproximasse. Pegou uma almofada para apoiá-lo. Segurou-o com as duas mãos pelo bumbum, voltou a conversar com a babá e mostrou uma foto no celular do bebê com a babá. O bebê começou a reclamar: parecia que não queria que a mãe conversasse com ninguém e nem olhasse o celular. Ela terminou a conversa, soltou o celular e o bebê se acalmou. A mãe comentou que ele estava pesando 6,2 kg, exatamente o dobro de quando nasceu. O bebê interrompeu a mamada algumas vezes, ora olhava para a babá, ora para a observadora. Por fim, terminou de mamar. A mãe o sentou sobre sua coxa, de costas para ela. A babá se ofereceu para segurá-lo e a mãe aceitou prontamente, dizendo que ela deveria mantê-lo sentado.

A partir daí, foi um desencontro atrás do outro. Aquele momento de encontro íntimo possível do bebê com sua mãe se perdeu. O bebê reclamou ao perder a mãe de seu campo de visão, regurgitou e demoraram para oferecer alguma continência.

A babá se perguntou em voz alta o que ele queria e, ao ver a mãe, o bebê parou de reclamar. A mãe aproximou-se dele dizendo em manhês que ele deveria falar o que queria, como não falava, ela não conseguia entender. Quando o bebê regurgitou, a mãe rapidamente ajoelhou-se próximo à babá com o bebê e segurou o babador para que o líquido não escorresse, mas logo após se afastou para trabalhar em outro aposento da casa.

O bebê continuou impaciente no colo da babá, que tentou colocá-lo no carrinho com alguns brinquedos, mas ele continuou reclamando, então, pegou-o no colo e foi para outra sala tentar distraí-lo com outro brinquedo, mas ele continuava reclamando. Diante do olhar continente da observadora, a babá aproximou um mordedor que estava pendurado no carrinho, e ele passou a sugar o mordedor e parou de reclamar.

Notamos, nesse relato, que aquele momento de encontro íntimo tão esperado pelo bebê junto a sua mãe se perdeu logo após a mamada, e o bebê expressou seu desapontamento com todos os recursos que possuía: regurgitou e chorou. O olhar continente da observadora possibilitou que o bebê fosse compreendido, e ele, finalmente, ao sugar o mordedor, pôde unir partes de si mesmo.

Com base nessa cena, podemos conjecturar que o melhor lugar do mundo para um bebê é junto a sua mãe. Sabemos o quanto um bebê de uma mãe deprimida ou que não tem um olhar de encantamento para o seu bebê pode desenvolver síndromes psicossomáticas ou mesmo quadros de dor crônica. Shapiro assinala que uma mãe deprimida, embora não seja capaz de atender às necessidades emocionais do seu bebê, geralmente consegue dar conta das demandas físicas. Assim, a autora afirma que "a expressão somática se torna um meio eficaz de comunicação e de interação" (2003, p. 556). Nando pode estar nesse caminho.

Apresento agora uma cena em que podemos ver como a atitude de uma observadora, que nessa observação se tornou participativa diante da ausência de um cuidador, contribuiu para que o bebê Thomaz se sentisse compreendido e para que a babá respondesse às necessidades do bebê. Jeanne Magagna (2010) aponta que, a fim de que o observador possa apenas observar, é necessário que a mãe ou o cuidador assumam a responsabilidade pelo bebê e participem em uma relação mais ativa com ele. "Se outros adultos estiverem de fato ausentes, a criança não considerará o observador como uma figura neutra, mas como um 'genitor passivo', que entra em conluio com o que ela está fazendo, ou a deixa sem proteção contra sua potencial destrutividade e com seu sentimento de culpa" (Adamo e Rustin, 2001, p. 6). Nessa observação, a observadora teve que abdicar de seu papel e aceitar a necessidade de acolher o bebê, mostrando-se presente em algumas atividades e, ao mesmo tempo, como alguém que o compreende.[3]

---

3 Vale lembrar que ser observador implica que "a criança possa se identificar com o observador e ter apoio para sua própria curiosidade ao ver o interesse atento do observador no campo dos sentimentos e das relações íntimas" (Adamo & Rustin, 2001, p. 15). O observador pode ser associado à imagem de um adulto amistoso que pode permitir a investigação de questões cruciais por meio do brincar; porém, o observador também pode se tornar receptáculo de projeções – projeções do desejo de invadir de maneira voyeurística, de olhar furtivamente as pessoas em seus espaços privados, de punir, como faz o superego severo. Quando o observador é receptáculo dessas projeções, torna-se uma figura ameaçadora da qual se deseja fugir. "'Quero me transformar em fantasma, assim você não terá o que olhar!' exclamou uma criança de três anos para sua observadora" (Adamo & Rustin, 2001, p. 16).

Thomaz, 1 ano, 1 mês e 2 dias

A observadora encontra o bebê no chão de seu quarto, brincando sozinho sobre o tapete de EVA. Ela o cumprimenta e diz que está ali para vê-lo, iria sentar-se no chão e ele podia brincar. O bebê fixa os olhos na observadora, mas logo volta a interagir com o brinquedo com o qual estava entretido antes de sua chegada. Estava perto da janela e fazia um sol bonito, que refletia nos cabelos loiros do bebê, e a observadora se sente aconchegada ali. Há uma infinidade de brinquedos que dispersam a observadora, talvez o bebê se perca também em tudo aquilo. Ela fica tentada a explorar os brinquedos com as mãos e os olhos, mas tenta focar no bebê, que a olha e sorri, depois volta a olhar para o brinquedo.

A babá chega ao quarto, sorrindo para o bebê com muita expressividade, e ele responde batendo as pernas e os braços no chão, está de bruços e sacode bastante as pernas. Reclama forte, e a babá se aproxima dele, dizendo que ele está bem "enjoadinho", não dormiu bem à noite, foram ao clube pela manhã, mas que estava mais manhoso. O bebê, no seu balbucio, intensifica a reclamação e inicia um choro após a fala da babá, e ela logo o acolhe, pondo-o de pé. Busca o corpo da babá, que o abraça e pergunta o que é que ele tem, que estava tudo bem. Ele se acalma um pouco, vai cambaleando até o berço, mas volta a reclamar e busca novamente a babá, que dirige a atenção dele para outro brinquedo no qual ele logo foca sua atenção, parecendo se acalmar um pouco. Sentado agora no tablado, pega um microfone com as mãos e põe na boca, a babá se levanta e sai do quarto. O bebê continua sua exploração e então cai para a frente e depois escorrega para trás; já de bruços, explora os blocos, jogando-os no chão e acompanhando a queda com o olhar; bate as pernas e os pés no chão com vigor, às vezes, roça um pé no outro, fica alguns minutos nessa brincadeira, às vezes, parece que olha para a frente em direção à janela, mas depois volta para os blocos, jogando-os novamente. Olha para a observadora, gira seu corpo no tapetinho e começa a dar ré, empurrando as mãozinhas principalmente sobre o tapete: tem dificuldades para se locomover e se irrita com isso, balbucia alto e reclama. "De ré" vai entrando debaixo do berço, ficando somente com os braços e a cabeça de fora. Tenta sair de lá, mas não consegue, parece entalado e reclama forte, intensificando sua expressão facial e olhando para a observadora. Ela diz para ele ter calma e incentiva-o a sair dali. Ele se acalma um pouco, seu olhar vai para algum brinquedo, mas logo volta a reclamar forte. A babá chega no quarto e, ao vê-la, o bebê chora e ela logo o retira dali, dizendo que ele deve ter ficado preso no declive do tablado e que era difícil mesmo de sair. Vai ao encontro dele, abraça-o e depois fica com ele um pouco em seu colo, ninando-o. Ele se acalma e, quando ela faz o movimento de colocá-lo no chão, ele volta a reclamar. A babá senta-se no tapete e joga alguns brinquedos para o lado, seleciona uma bolinha e a oferece ao bebê, que se entretém; logo em seguida, ela sai novamente do quarto.

O bebê vai fazendo um movimento com o corpo, ficando de bruços, e busca alguns brinquedos que estão próximos da observadora, na tentativa de ficar mais pertinho. De frente para ela, de bruços, pega um livrinho macio que está perto e o ajeita com as mãos para ficar mais fácil olhá-lo e explorá-lo. Ao folhear o livro, encontra o olhar atento da observadora. Aponta com o dedo indicador para uma imagem do livro e olha para ela, que diz "olha, que bonita a florzinha que o Thomaz achou!". Fixado na observadora, esboça um leve sorriso e se volta para o brinquedo novamente, muda a página do livro e aponta para outra figura: "Agora é um leãozinho, muito bem, Thomaz, que legal!", ele se volta para o livro e explora as texturas e o barulho plastificado de uma parte do livro, além de puxar pequenas fitas do brinquedo, então, há novo encontro de olhares!

Escutam-se alguns passos no corredor. O bebê parece aguardar a chegada da babá e reclama diante da ausência e do sumiço dos passos, que desaparecem na direção oposta ao quarto. Ele reclama e reclama com mais vigor, os brinquedos agora se perdem. O bebê chora, e a observadora diz que ele estava sentindo falta da babá, mas que logo ela devia aparecer, então, com o reclamar mais intenso, a babá aparece no quarto e o bebê logo se acalma, e ela o convida a andar até a cozinha. Na cozinha, ela põe o bebê na cadeirinha e diz que vai lhe mostrar um DVD novo. O bebê olha para a janela, olha para mim e, ao virar para trás, encontra a babá, que sorri com intensidade. Ele pega com as mãos um celular e o sacode no ar, porém, sem se dar conta do que faz com as mãos.

Essa observação mostra a solidão do bebê, como ele expressa seu sentimento de desmantelamento com seu olhar perdido. Ao mesmo tempo, ao encontrar o olhar, o sorriso e algumas palavras da observadora, que acompanha vivamente seus movimentos, ele se reintegra. O bebê também busca com todos os seus recursos uma troca intersubjetiva com a observadora. A cena final me comove, ao ver que o bebê volta seu olhar para a janela ao perder o colo e o contato com a babá.

Com Paula, é possível ver a contribuição do olhar atento da observadora para que o bebê se sinta compreendido e se restabeleça a confiança no objeto materno.

Paula, 1 ano e 2 meses

Logo que a observadora chega a bebê, que está no colo da mãe, começa a chorar. A observadora se sente desconcertada e pensa que a bebê pode estar estranhando sua presença devido ao intervalo das observações, mas a mãe diz: "Você está com medo dela?".

Depois a mãe pergunta se ela quer mamar e pede para a funcionária fazer o leite. Ela diz que a nova funcionária havia começado há uma semana e que a filha está assim só chorando e não olha para ela. Nessa hora, a moça aparece na sala, ela explica como deveria ser feito o leite.

A bebê, agarrada ao pescoço da mãe, começa a chorar novamente. Nessa hora, diante do choro ininterrupto da bebê, a observadora pergunta à mãe se a antiga funcionária havia se despedido da bebê, e a mãe diz que não, que ela foi embora rápido e não deu tempo. No mesmo momento, a mãe olha para a filha e fala: "Filha, a babá foi embora, não vai mais trabalhar aqui, não deu tempo de despedir de você, vamos ver se ela pode vir aqui ver a gente?". A bebê está séria. Escuta a mãe, olhando-a atentamente. A mãe acaba de falar e, imediatamente, diz: "Será que era isso?". No mesmo momento, a bebê olha para a observadora e sorri, ela lhe sorri de volta, aliviada.

Nessa observação, a capacidade de continência e *rêverie* da observadora, diante do choro inquieto da bebê, digerindo a experiência, encontra uma forma de nomear o medo da bebê de tudo desaparecer, como a babá que se foi sem se despedir. A fala da observadora oferece uma representação para as angústias de separação e promove um *insight* da mãe e a possibilidade do bebê usufruir do encontro com o objeto.

Apresento agora trechos de observações de duas bebês, Fátima e Regina, em que podemos ver relações de intimidade na dupla mãe-bebê, em parte promovidas pelo olhar da observadora.

Fátima, 6 meses e 22 dias

A mãe tenta contê-la com o livrinho dos animais da fazenda. Sentada com a bebê no colo, começa a folhear o livrinho de plástico. "Esta é a ovelha, a ovelha faz bééé. Este é o cachorro, o cachorro faz au, au. Esta é a vaca, a vaca faz múúú...", e assim vai até o final. Depois, repete tudo de novo. A bebê não está interessada no conteúdo do livro, ela tenta agarrá-lo o tempo todo e, quando consegue, começa a mordê-lo. Nesse instante, a mãe se distrai vendo as mensagens do celular. A bebê continua ativa, mordendo o livrinho e mexendo-se no colo da mãe. Num dado momento, o livrinho cai e a bebê escorrega de cabeça, do colo da mãe para o sofá, e engatinha na direção da observadora. Aproxima-se curiosa com algo que a observadora está usando. Tenta chegar mais perto, pois quer alcançar o seu pingente, mas a mãe puxa-a para si e a bebê, olhando para a observadora, abre os braços fazendo um "ahhh". Não demora muito para ela voltar e se aproximar novamente da observadora. A mãe puxa-a de novo e diz "Vamos juntar os brinquedos? Cadê as pecinhas?". Põe a bebê sentada no tapetinho, começa a recolher as pecinhas e fica entretida com sua bebê buscando seu interesse, até o término da observação.

Como nos ensina Victor Guerra (2014), quando escreve sobre os indicadores de intersubjetividade, podemos observar nessa cena a construção de narrativas e o oferecimento de objetos tutores (brinquedos ou objetos escolhidos pelos pais para interagir com seus bebês). A mãe apresenta ao bebê livrinhos que se transformam num jogo entre mãe e bebê, promovendo uma troca criativa de narrativas e de intimidade.

Também podemos ver a curiosidade da bebê pelo objeto observador e uma experiência estética com ele. Além disso, podemos conjecturar que a continuidade do olhar continente da observadora permite que a mãe se conecte com a bebê, favorecendo um encontro íntimo no brincar.

Regina, 4 meses e 18 dias

Eu estava na copa com a irmãzinha vestida com um casacão lindo, peludo, branco, comendo seu pãozinho, e a bisavó, de penhoar, tomando o café da manhã, quando a mãe apareceu com a bebê no colo, bem durinha com a carinha iluminada, com um olhar vivo. A bisavó olhou-a e sorriu para ela, cumprimentando-a e, falando "bom dia", disse que ela estava linda. A bebê abriu um sorriso enorme, e outro, e mais outro. E a bisavó respondia também com sorrisos, dizendo que ela (bebê) estava muito feliz...

A mãe a pôs na cadeirinha de chão, ela sorriu para a observadora parecendo reconhecê-la e a fez se sentir incluída no seu olhar.

Ela balançava com vigor os bracinhos para o alto e para baixo e mexia as perninhas. Parava, olhava para a observadora e sorria ao vê-la sorrindo para ela. Olhou para o alto na direção da sua irmã, que estava ao lado.

A bebê estava muito ativa, procurando olhar para cima, como se quisesse alcançar as vozes tão familiares. Com o pé, empurrou o final da cadeirinha e levantou um pouco o corpo. Depois, pôs o outro pé e ficou arqueando o corpo para a frente, como se quisesse levantar-se. Voltava à posição inicial e começou a emitir uns sons que pareciam resmungos: "Ahh, Ahh".

O "ahh" foi mudando de tom de reclamação para protesto, e a maneira de ser emitido era mais aguda e contínua, parecendo querer formar um choro. A expressão do rosto estava mais séria e contida. Emitiu um "uhmmm, uhmmm...". E voltou a expressar um som parecendo o início de um choro: "Ahh, aham, ahh, ahamm...".

A mãe pegou-a no colo e ela parou imediatamente. A mãe brincou com ela e, olhando-a, perguntou se queria mamar. Enquanto abria o zíper do colete, a bebê, já em posição de mamar, abria a boca, esticava um braço em direção ao seio, esperando "o momento". Ao encontrar o seio, colocou uma das mãos sobre ele, "engatou" com sua boquinha no mamilo e sugou com vontade. Todo o seu corpo e mente pareciam estar voltados para o mesmo foco.

Todos olhavam a cena, enquanto a mãe olhava para a bebê. A bebê, nesse momento, olhava para ela, mas, às vezes, fechava os olhinhos, deleitando-se de satisfação com aquele olhar vago, extasiando-se com a sensação prazerosa.

Depois, fomos para o quarto. Chegando lá, a mãe pegou o tapetinho e estendeu no chão, pegou dois bichos: um rinoceronte roxo de pelúcia e um galinho de borracha. E a mãe foi ao banheiro ou foi se vestir. A bebê olhou o rinoceronte do lado direito e logo virou-se para o lado esquerdo, pois seu interesse maior era acompanhar o movimento da mãe. Quando a mãe se aproximava, ela balançava os braços e pernas, sorria, como se quisesse que a mãe a pegasse.

A mãe sentou-se ao seu lado e procurou fazer uma brincadeira para estimular e talvez para mostrar as habilidades da bebê à observadora.

Essas cenas ilustram a vitalidade da bebê, a cumplicidade e a intimidade da dupla: a mãe compreende as demandas e comunicações não verbais da bebê, e a bebê expressa sua paixão pelo objeto materno. Podemos também observar o encontro prazeroso do bebê com o seio, como um momento sagrado (Winnicott, 1965/1994).

Nesse encontro íntimo, a mãe conversa com a bebê com sua prosódia e manhês, e podemos imaginar o ritmo e o encontro de olhares com uma verdadeira sintonia afetiva, à qual a bebê responde com seus balbucios e sua linguagem corporal (Guerra, 2014).

Algumas conclusões

O caráter misterioso da intimidade alude tanto aos pensamentos, afetos e assuntos interiores de uma pessoa, família ou comunidade quanto às dimensões inconscientes que os tornam possíveis (Tabbia, 2008). Para Martha Harris e Meltzer, "íntimo" significa alguma coisa "essencialmente interna e impossível de ser conhecida por quem quer que seja, exceto por si mesmo" (Meltzer & Harris, 1998/1990, p. 46); mas o íntimo (do latim: *intimus:* "mais de dentro") só pode ser conhecido por meio da mediação de um outro internalizado.

Os relacionamentos emotivos e íntimos são os que permitirão desvelar o processo de construção do objeto e da constituição do sujeito, baseado no modelo grupal e familiar da mente. A intimidade – que permite a criação da família interna, que nos permite descobrir a nós mesmos e que se ampara no diálogo com os objetos internos – se alimenta das experiências emocionais e da contenção dos conflitos entre sujeitos e objetos. Não se define exclusivamente pelos sentimentos amorosos, meigos, como pode acontecer entre os apaixonados. Envolve o interjogo dos vínculos e antivínculos, como Bion formulou (Tabbia, 2008).

Acredito que o encontro íntimo do observador com o bebê e seu ambiente só é possível mediante o contato com o mais profundo de si mesmo.

Ao ouvir esses relatos, nos deparamos com relacionamentos íntimos em que os participantes vão se constituindo como continentes e, por meio da capacidade de *rêverie* da mãe, do observador e do grupo de supervisão, tornam possível o desenvolvimento do vínculo que nos faz crescer como pessoas e como dupla (conjugal, paterno-filial, científica, analítica, amistosa etc.). Essa experiência, baseada na reciprocidade estética com predomínio do vínculo K, transforma o observador, o supervisor e os participantes do grupo, tanto quanto o bebê e sua mãe.

Muitas vezes, nos tempos atuais, o observador é a pessoa mais constante nesse caminho desconhecido de se tornar pais. Acompanhados de um objeto, vencemos o temor de caminhar por corredores desconhecidos. Na experiência de observar o desenvolvimento emocional do bebê na relação com sua mãe, podemos ver que "a sensação que resulta de se sentir compreendido e amado pela mãe subjaz ao primeiro e fundamental relacionamento da vida" (Klein, 1959/1976, p. 220), que, por sua vez, resulta principalmente da qualidade do relacionamento materno. "As mães criam, nos filhos, um sentimento de confiança por meio deste tipo de manejo que combina o cuidado sensível das necessidades individuais da criança e um firme sentido de confiabilidade pessoal" (Erikson, 1950/1966, p. 224).

Acredito que a confiança no primeiro objeto, a identificação introjetiva do casal parental, somadas à experiência estética no vínculo K, implicam um

> *impulso poderosíssimo para compartilhar a apreensão da beleza com pelo menos mais outra mente. Quando surge o vínculo K na dupla parental vinculada por L e H, sua relação com os filhos adquire uma característica observadora e pensativa nova, que introduz a família num grupo de trabalho e a protege da tendência de voltar a ser, sob pressão, uma gangue ou uma organização de Suposto Básico. (Meltzer, 1987, p. 492)*

Só nos relacionamentos emocionais e íntimos é possível encontrar o significado do interjogo de emoções. A tolerância da emocionalidade e do conflito estético dentro de um relacionamento íntimo cria o cenário apropriado ao nascimento do símbolo, do pensamento e do desenvolvimento adulto da personalidade (Meltzer, 1986/1990, Tabbia, 2008).

Penso que o observador é um fator favorecedor desse processo. A empreitada de ser observador possibilita esse encontro íntimo do observador com seus objetos internos e oferece a oportunidade de ir ao encontro de outra pessoa, esse outro sempre desconhecido em seu mistério e suas intenções; neste caso, o outro é a dupla mãe-bebê.

Encerro este trabalho com as palavras de Mia Couto, um escritor afro-português que, com seu lindo texto literário, expressa sabiamente os registros de memórias de um tempo ainda sem palavras, uma "caosmologia".

> *Num conto que nunca cheguei a publicar acontece o seguinte: uma mulher, em fase terminal de doença, pede ao marido que lhe conte uma história para apaziguar as insuportáveis dores. Mal ele inicia a narração, ela o faz parar:*
>
> *– Não, assim não. Eu quero que me fale numa língua desconhecida.*
>
> *– Desconhecida? – pergunta ele.*
>
> *– Uma língua que não exista. Que eu preciso tanto de não compreender nada!*
>
> *O marido se interroga: como se pode saber falar uma língua que não existe? Começa por balbuciar umas pa-*

lavras estranhas e sente-se ridículo como se a si mesmo desse provas da incapacidade de ser humano. Aos poucos, porém, vai ganhando mais à vontade nesse idioma sem regra. E ele já não sabe se fala, se canta, se reza.

Quando se detém, repara que a mulher está adormecida, e mora em seu rosto o mais tranquilo sorriso. Mais tarde, ela lhe confessa: aqueles murmúrios lhe trouxeram lembranças de antes de ter memória. E lhe deram o conforto desse mesmo sono que nos liga ao que havia antes de estarmos vivos.

Na nossa infância, todos nós experimentamos este primeiro idioma, o idioma do caos, todos nós usufruímos do momento divino em que a nossa vida podia ser todas as vidas e o mundo ainda esperava por um destino. James Joyce chamava de "caosmologia" a esta relação com o mundo informe e caótico.

Essa relação, meus amigos, é aquilo que faz mover a escrita, qualquer que seja o continente, qualquer que seja a nação, a língua ou o gênero literário. Eu creio que todos nós, poetas e ficcionistas, não deixamos nunca de perseguir esse caos seminal.

Todos nós aspiramos regressar a essa condição em que estivemos tão fora de um idioma que todas as línguas eram nossas. Dito de outro modo, todos nós somos impossíveis tradutores de sonhos.

Na verdade, os sonhos falam em nós o que nenhuma palavra sabe dizer. O nosso fito, como produtores de sonhos, é aceder a essa outra língua que não é falável, essa língua cega em que todas as coisas podem ter todos os nomes.

O que a mulher doente pedia é aquilo que todos nós queremos: anular o tempo e fazer adormecer a morte. (Couto, 2009, p. 11)

Referências

Adamo, S. M. G., & Rustin, M. (2001). Editorial. *International Journal of Infant Observation*, 4(2), 3-22.

Bick, E. (1967). Notas sobre la observación de lactantes en la enseñanza del psicoanálisis. *Rev. Psicoanal*, 24(1), 97-115, Buenos Aires. (Trabalho original publicado em 1948).

Bion, W. R. (1990). Una teoría del pensamiento. In W. R. Bion, *Volviendo a pensar* (pp. 151-164). Buenos Aires: Horme. (Trabalho original publicado em 1962).

Couto, M. (2009). Línguas que não sabemos que sabíamos. In M. Couto, *E se Obama fosse africano? E outras interinvenções*. São Paulo: Companhia das Letras.

Cramer, B. (1974). Interventions thérapeutiques brèves avec parents et enfants. *Psychiat. l'Enfant, 17*, 53-117.

Cramer, B. (1982). Interaction réelle, interaction fantasmatique. Réflexions au sujet des thérapies et des observations de nourrissons. *Psychothérapie, 1*(2), 39-47.

Cramer, B., & Stern, D. (1988). Evaluation des changements relationnels au cours d'une psychothérapie brève mère-nourrisson. In B. Cramer (Ed.), *Psychiatrie du bébé* (pp. 31-70). Paris/Genève: Eshel/Médecine et Hygiene.

Cramer, B., & Palacio Espasa, F. (1993). La technique des psychothérapies mère-bébé. In *Études cliniques et théoriques*. (pp. 126-132). Paris: Presses Univ. France.

Erikson, E. (1966). *Infancia y sociedad*. Buenos Aires: Hormé. (Trabalho original publicado em 1950).

Golse, B. (2001a). *La transmission psychique dans le developpement et dans la formation*. Conferência proferida na Sociedade Brasileira de Psicanálise do Rio de Janeiro (SBPRJ), Rio de Janeiro, Brasil.

Golse, B. (2001b). *Regards croisés sur l'attachement: psychanalyse, psychologie du développement, ethologie*. Conferência proferida na Sociedade Brasileira de Psicanálise do Rio de Janeiro (SBPRJ), Rio de Janeiro, Brasil.

Golse, B. (2006, fevereiro). Conferência proferida no Encontro Intervenções Terapêuticas Precoces com Bebês: Modelos, Promessas, Limites, Organização Infans, São Paulo, Brasil.

Guerra, V. (2014). Indicadores de intersubjetividad 0-12 m: del encuentro de miradas al placer de jugar juntos. Trabalho baseado no filme de mesmo nome realizado com fundo do Comitê Outreach da International Psychoanalytical Association (IPA), com projeto de V. Guerra e direção de M. Guerra.

Harris, M., & Meltzer, D. (1990). *Familia y comunidad*. Buenos Aires: Spatia.

Houzel, D. (1999). *Identificação introjetiva, reparação, formação de símbolos. São Paulo: SBPSP.* (Publicado originalmente em *J. Psychanal. L'enfant, 10*, 46-72, 1991).

Klein, M. (1976). Nuestro mundo adulto y sus raíces en la infancia. In *Obras completas de M. Klein* (v. 6, pp. 219-227). Buenos Aires: Paidós. (Trabalho original publicado em 1959).

Lebovici, S. (1986). À propos des consultations thérapeutiques. *Journal Psychanalyse de l' Enfant, 3,* 135-152.

Lebovici, S., Mazet, Ph., & Visier, J. P. (1989). *L'évaluation des interations précoces entre le bébé et se partenaires.* Paris: Eshel.

Lebovici, S., & Stoleru, S. (1983). *La mère, le nourrisson et le psychanalyste, les interactions prècoces.* Paris: Le Centurion.

Lebovici, S. & Weil-Halpern, F. (1989). *La psychopatologie du bébé.* Paris: PUF.

Lisondo, A. B. D. (2017). Sinais de mudança em autismo: prisma, um instrumento de pesquisa. *Revista Brasileira de Psicanálise, 51*(4), 225-244.

Lisondo, A. B. D., & Ungar, V. (2002). *Permanencias y cambios en el método de observación de bebés de Esther Bick.* Trabalho apresentado no Congresso da Federación Psicoanalítica de América Latina (Fepal), 2002, Montevidéu, Uruguai.

Magagna, J. (2010). *Abordagem trialógica tempo-lineare: trabalho terapêutico preventivo com crianças de 0-5 anos, e seus pais.* Conferência apresentada no Instituto Sedes Sapientiae, São Paulo, Brasil.

Magagna, J. (2015). O jardineiro fiel. Comentários sobre o filme de John Le Carré. *Jornal de Psicanálise, 48*(89), 289-298.

Mélega, M. P. (Coord.). (1997). *Tendências: observação da relação mãe-bebê método Esther Bick.* São Paulo: Unimarco.

Mélega, M. P. (2002). Gerando significados no trabalho com pais-criança. *Rev. Bras. Psicanál., 36*(3), 531-540.

Meltzer, D. (1984). La distinction entre les concepts d'identification projective (Klein) et de "contenant contenu" (Bion). (D. Houzel, A. Maufras du Chatellier, & D. Neron, trads., F. Begom-Guignard, rev.) *Revue française de psychanalyse, 2,* 551-569. (Trabalho original publicado em 1982).

Meltzer, D. (1987). Sobre la distinción entre conflictos del deseo y paradojas del pensamento. In A. Hahn (Ed.), *Sinceridad y otros trabajos* (pp. 489-492). Buenos Aires: Spatia.

Meltzer, D. (1990). *Metapsicología ampliada.* Buenos Aires: Spatia. (Trabalho original publicado em 1986).

Meltzer, D., & Harris, M. W. (1990). *La aprehensión de la belleza.* Buenos Aires: Spatia. (Trabalho original publicado em 1988).

Shapiro, B. (2003). Building Bridges Between Body and Mind: the Analysis of an Adolescent with Paralyzing Chronic Pain. *The International Journal of Psychoanalysis, 84,* 547-561.

Silva, M. C. P. (2002). Um *self* sem berço. Relato de uma intervenção precoce na relação pais-bebê. *Revista Brasileira de Psicanálise, 36*(3), 541-565.

Silva, M. C. P. (2010a). A consulta terapêutica: um espaço potencial para a construção da parentalidade. *Jornal de Psicanálise, 43*(79), 143-154.

Silva, M. C. P. (2010b). A depressão transmitida através da relação de dependência revertida na díade mãe-bebê. *Percurso, 44,* 125-132.

Silva, M. C. P. (2012). Embalando o sono do bebê: contendo as transferências das relações iniciais pais-bebê. *Alter: Revista de Estudos Psicanalíticos, 30*(2), 83-95.

Silva, M. C. P. (2013). Embalando a relação pais-bebê: oferecendo continência às fantasias parentais. *Berggasse 19, Revista da Sociedade Brasileira de Psicanálise de Ribeirão Preto, 4*, 83-100.

Silva, M. C. P. & Batistelli, F. M. V. (2017). Aurora e o processo de parentalização, *Jornal de Psicanálise, 50*(92), 209-224.

Silva, M. C. P., Serber, D., Mizne, G. R., Nogueira, M. T. F., & Vendramim, P. (2007). O impacto emocional da observação do bebê no observador e na relação mãe-bebê. *Percurso, 39*, 69-80.

Solis-Ponton, L. (Org.). (2004). *Ser pai, ser mãe – Parentalidade: um desafio para o terceiro milênio*. São Paulo: Casa do Psicólogo.

Stern, D. N. (1992). *O mundo interpessoal do bebê: uma visão a partir da psicanálise e da psicologia do desenvolvimento*. Porto Alegre: Artes Médicas.

Tabbia, C. (2008, 31 de agosto). *El concepto de intimidade n el pensamento de Meltzer*. Trabalho apresentado no encontro internacional sobre o pensamento de Meltzer na Sociedade Brasileira de Psicanálise de São Paulo (SBPSP), São Paulo, Brasil.

Williams, G. (n. d.). *Observação participativa como uma forma de prevenção*. (Trabalho não publicado.)

Williams, G. (1990). Observação de bebê: sua influência na formação de terapeutas e profissionais que trabalham com educação e saúde mental. *Publicações, 1*(2). Centro de Estudos das Relações Mãe-Bebê-Família, São Paulo.

Williams, G. (1997a). O bebê como receptáculo das projeções maternas. In M.-B. Lacroix & M. Monmayrant (Orgs.), *A observação de bebês: os laços do encantamento* (pp. 105-112). Porto Alegre: Artes Médicas.

Williams, G. (1997b). As angústias catastróficas de desintegração, segundo Esther Bick. In M.-B. Lacroix & M. Monmayrant (Orgs.), *A observação de bebês: os laços do encantamento* (pp. 37-39). Porto Alegre: Artes Médicas.

Williams, G. (1999). On Different Introjective Processes and the Hypothesis of an Omega Function. *Psychoanal Inquiry, 19*(2), 243-253.

Winnicott, D. W. (1994). O valor da consulta terapêutica. In C. Winnicott, R. Shepherd & M. Davis (Eds.), *Explorações psicanalíticas: D. W. Winnicott* (pp. 244-248). Porto Alegre: Artes Médicas. (Trabalho original publicado em 1965).

PARTE II
Aplicações

7. Observação de bebês (método Bick) como instrumento de formação[1]

Neyla Regina de Ávila Ferreira França[2]
e Suzana Grunspun[3]

Quando Esther Bick introduziu a observação de bebês no curso de formação de psicoterapeutas na Tavistock, em 1948, tinha em mente que essa experiência seria enriquecedora para aqueles que se iniciavam no aprendizado da psicanálise e no atendimento clínico e contribuiria para aumentar sua capacidade de continência das próprias fantasias, prevenindo atuações e capacitando-os a indagar-se constantemente.

Desde o início, Bick deu ênfase à observação de bebês como instrumento de formação. Esse método, além da própria observação

---

1 Trabalho apresentado no V Encontro das Seções Regionais, realizado em São Bernardo do Campo, em 2012.
2 Psicóloga, membro efetivo e analista didata da Sociedade Brasileira de Psicanálise de São Paulo (SBPSP). Psicanalista de crianças e adolescentes. Docente do Instituto de Psicanálise "Durval Marcondes" (SBPSP). Coordenadora do Curso de Observação da relação mãe-bebê segundo o método Bick (SBPSP).
3 Psiquiatra, membro efetivo e analista didata da Sociedade Brasileira de Psicanálise de São Paulo (SBPSP). Psicanalista de crianças e adolescentes. Docente do Instituto de Psicanálise "Durval Marcondes" (SBPSP). Coordenadora do Curso de Observação da Relação Mãe-Bebê segundo o método Bick (SBPSP).

da relação mãe-bebê, inclui os pensamentos, emoções e sentimentos experimentados pelo observador como objeto de estudo.

Consiste em observar a dupla mãe-bebê, semanalmente, nas condições habituais em que vive a família, durante o período mínimo de um ano. O observador relata por escrito tudo o que observou: fatos, impressões, seus sentimentos mobilizados, fantasias, modificações corporais. A escrita e o posterior relato nos seminários permitem que sensações e emoções ganhem representabilidade e, assim, possam se tornar pensamentos. O método inclui o observador como elemento fundamental, que o diferencia de outros estudos referentes ao desenvolvimento do bebê. Bick deixou claro que a observação é muito rica em si e que o observador deve ter uma postura fundamental de despojar-se das teorias enquanto realiza a observação.

Portanto, temos três passos:

- observar uma dupla mãe-bebê por uma hora semanalmente nas condições habituais onde vive e numa família razoavelmente estruturada;
- registro posterior do observador (fatos, impressões, sentimentos);
- reunião e discussão nos seminários.

Ungar (2000) diz que o método de Bick inclui o observador como elemento fundamental e isso o diferencia de outros estudos referentes ao desenvolvimento do bebê. O observador está dentro do campo. Deve observar a si mesmo, seus sentimentos e fantasias, modificações corporais etc., e tudo o que ocorre da forma mais minuciosa possível.

Complementando esse ponto de vista, Inglez de Souza (2003) salienta que a observação da relação mãe-bebê focaliza, particularmente, dois pontos que interagem: aquilo que é observado (a dupla mãe-bebê) e o instrumento de observação, que é constituído pela mente do observador. Durante todo o trabalho, esses dois elementos sofrem alterações.

Hoje, a clínica deixou de considerar a situação analítica como uma tela em branco na qual o paciente projeta seus conteúdos internos; agora, a ênfase é posta em tudo que acontece dentro do campo e, em muitos casos, só vamos alcançar a mente do paciente se estivermos atentos à contratransferência. Também na observação de bebês, consideramos que sempre haverá uma interação dos elementos envolvidos. O que recomendamos é que o observador deixe de lado as teorias para poder se aproximar do campo de observação, criando um espaço para pensar os movimentos da dupla. É importante que perceba seus próprios sentimentos que são mobilizados.

Bick (1967) deixou claro que a observação é muito rica em si e que o observador deve ter uma postura de despojar-se das teorias enquanto realiza a observação. Essa postura é fundamental para o desenvolvimento desse trabalho.

Houzel (2010) distingue diferentes formas de observação, uma que denomina psicanalítica e outras múltiplas formas que define como experimentais, nas quais o método utiliza-se de hipóteses a serem comprovadas.

No método psicanalítico, não partimos de uma ideia a ser comprovada, mas da reunião de elementos observados, a partir dos quais construímos o que chamamos de "conjecturas psicanalíticas" que poderão, ou não, ser confirmadas ao longo da experiência.

O método de observação realça a importância de certas qualidades do observador continente: atenção, disponibilidade e mente receptiva (Houzel, 2010).

Nesse método, reunimos todos os dados apreendidos pelos órgãos dos sentidos: emoções e fantasias captadas por essa mente receptiva continente que processa de forma consciente e inconsciente.

O observador escreverá suas vivências, com base nessas experiências, e as levará para as discussões nos seminários para construir as conjecturas imaginativas advindas da observação. Para elaborar essas conjecturas, ele utiliza conceitos psicanalíticos que lhe fornecem recursos teóricos para reflexões e discussões sobre o material observado e apresentado (Ungar et al., 2001).

Dentro do campo, o observador é afetado e mobilizado em seus aspectos primitivos por meio do contato com essa relação mãe-bebê, que ao mesmo tempo é íntima e perturbadora. Tendo consciência desses sentimentos, ele não só tem uma apreensão deles como pode trabalhá-los dentro de si, no grupo ou em sua análise.

Sabemos das angústias que emergem naqueles que se propõem essa tarefa. Mélega (1987) relaciona as mais comuns: medo de ser invasivo, de não poder retribuir a colaboração da mãe e de não conseguir se manter numa posição reflexiva sem atuar.

O observador experimenta essa situação desconhecida, chega para iniciar a observação com um preparo teórico e técnico em que a interpretação é o seu instrumento de trabalho no *setting* analítico. Ele se apoia nas teorias e nas interpretações.

De repente, se vê frente a um novo *setting*; sua primeira reação é de perplexidade. Sua atividade será observar a dupla e a si mesmo, escrevendo posteriormente seu relato, descrevendo não apenas os fatos, mas também as repercussões emocionais experienciadas durante a hora de observação.

Um estado de tensão mental poderá ser mantido até que o observador sinta algum significado emergir e, assim, terá acesso às palavras que nomearão os fenômenos observados. Aos poucos, supera sua necessidade de intervir baseado em conhecimentos aprendidos e cria um "estado de mente" mais livre, ampliando sua condição interna de captar os fenômenos inconscientes não verbais; percebe que a dupla encontra respostas para suas indagações e se ajusta sem que ele precise intervir ou orientar; sente que o método da observação visa criar um estado de mente que propicia uma ampliação na sua captação dos fenômenos inconscientes, sem a necessidade de intervenção durante o processo.

Precisa estar atento a tudo o que acontece e se abster de selecionar o material observado ou se deixar levar pelas ideias teóricas. A questão da atenção é um ponto importante, pois ela nos põe diante de um paradoxo. Por um lado, temos que ter uma atenção flutuante, como nos recomenda Freud (1912/1969); por outro, devemos prestar atenção aos mínimos detalhes.

Segundo Houzel, o observador se utiliza de um tipo particular de receptividade em que as informações são captadas pela emoção, imaginação e processos de pensamentos, simultaneamente conscientes e inconscientes, mantendo uma habilidade para tolerar ausência de significados ou uma incompreensão dos fenômenos apreendidos. Ele chama esse tipo de receptividade, que o observador oferece para a dupla mãe-bebê, de mente receptiva. Essa atitude receptiva constitui um espaço para serem projetados sentimentos, fantasias e angústias. Essa é uma função de *rêverie* não interpretativa (Houzel, 2010).

No *setting* da observação, cria-se uma situação especial que facilita ao observador captar as comunicações não verbais e, por *rêverie* não interpretativa, a dupla mãe-bebê será compreendida e se mostrará apta para melhor conter suas angústias (Bion, 1967/1988; Houzel, 2010).

Essa presença continente do observador é utilizada pela mãe não só como depositária das angústias: de alguma forma, ela fornece um modelo continente e pensante. Relatos de mães que passaram por essa experiência mostram como sentiram-se ajudadas por aquela presença.

A função continente de Bion tem dois elementos: a recepção das mensagens e a transformação. A possibilidade de transformação na análise é feita por meio da interpretação. Na situação da observação de bebês, a transformação é inconsciente, primitiva, não passa pela palavra, mas por uma forma não verbal, captada pela atitude de contenção e por um estado de mente receptiva do observador.

Os seminários favorecem a construção de um espaço no qual serão apresentados os relatos escritos das observações. É uma oportunidade para se discutir e elaborar as ansiedades do observador e dos integrantes do grupo. Esse encontro é muito importante, pois o grupo funciona como continente para as ansiedades que emergem durante as observações e, também, propicia observar outras experiências e outras formas de pensá-las. A presença do grupo possibilita ao observador entender suas angústias primitivas e as identificações que podem perturbar sua função de observador. Os relatos dos outros integrantes do grupo posicionam cada observador frente a outras observações e promovem o confronto com outras duplas mãe-bebê. Diversas formas de ver a mesma experiência constituem um treino contínuo durante os seminários, ampliando o campo de percepção de cada elemento em relação à sua observação.

Cada elemento do grupo participa das discussões, segundo as vivências que emergem nas diversas situações, ora se identificando com o bebê, ora com a mãe ou outro elemento da família. O observador sente-se o receptor de identificações projetivas. O grupo e o coordenador funcionam como uma mente receptiva (Houzel, 2010), acolhendo tanto as angústias suscitadas no observador como no grupo.

A apresentação do relato das observações e sua discussão nos seminários ampliam o conhecimento. O observador relata a experiência de forma viva no grupo. Todo esse conjunto desenvolve um olhar atento que enriquece a visão particular de seus constituintes. O grupo observa o observador, constituindo um sistema observante (Grunspun, 2003).

A procura de uma família é um momento importante em que o grupo desempenha um papel de grande auxílio para aquele que inicia a observação. O observador é assaltado por ansiedades e fantasias: serei aceito? Como vou retribuir a colaboração dessa família? Estarei invadindo a privacidade dessa dupla? São algumas das fantasias e ansiedades que assaltam o observador.

Citaremos um trecho de uma primeira observação que mostra os sentimentos e ansiedades daquele que inicia o trabalho de observação.

É a primeira visita na casa em que reside Laura e seu bebê com 10 dias. A observadora relata como se sente no primeiro encontro:

Indo para a observação, me senti um pouco apreensiva. Pensava se não tinham esquecido o horário combinado. Uma sensação de apreensão por essa nova experiência em minha vida. Senti vontade de não ir. Pensei que estava atrasada e isso não era bom. Na verdade, havíamos combinado entre 9h e 9h30, na minha cabeça pensei que deveria ser 9h. Deveria ter precisado o horário. Ao chegar à casa tudo estava fechado e silencioso, e a sensação de "esqueceram de mim" apareceu. Toco a campainha e a avó do bebê aparece, parece me proteger de um cachorrinho muito velho e fraco para me oferecer qualquer perigo. A avó conta que a mãe ainda dorme, pois o bebê chorou a noite toda. Nesse momento, senti que estava ameaçada e que a observação não iria acontecer. Fiquei um pouco impaciente para que a mãe aparecesse com o bebê, assim eu teria o objeto de observação como fora combinado.

Nessa vinheta, vemos como a observadora está vulnerável diante das fantasias persecutórias que a invadem: foi esquecida, enganou-se de horário? Ao ser recebida pela avó sua ansiedade atenua, o cão não é perigoso, não há o que temer. Mas, diante da informação de que a mãe dorme, reaparecem suas fantasias quanto à possibilidade de realizar sua tarefa: observar um bebê. Vamos acompanhando passo a passo como ela é assaltada por suas fantasias e como é necessário contê-las para levar adiante sua tarefa e começar a desenvolver sua capacidade negativa. Tolerar as frustrações iniciais será uma atitude de grande importância para estabelecer contato e manter sua mente receptiva e sensível para captar as situações relacionais da dupla que irá observar. Assim, poderá construir, aos poucos, seu papel de observador.

A escrita e o posterior relato nos seminários permitem que sensações e emoções ganhem representabilidade e possam se tornar pensamentos.

Cada grupo vive sua própria história. Cada observador percorre um caminho particular para ir à procura de uma mãe e seu bebê. A disposição para essa tarefa inicial é imprescindível e permeada de muita apreensão.

O observador está vulnerável diante das angústias persecutórias que o invadem, e o coordenador e o grupo constituem outra mente receptiva, capaz de acolher e permitir sua elaboração.

Tal situação requer capacidade dos integrantes para se reorganizarem e permite observar como se constitui esse vínculo primitivo (mãe-bebê) e como se formam padrões de respostas. Ao mesmo tempo, a situação propicia o desencadear, no observador, de identificações com elementos inconscientes também primitivos, oferecendo a ele a oportunidade de conhecê-los e elaborá-los melhor.

O esforço do observador em encontrar uma linguagem apropriada para descrever essa experiência é um elemento de formação para aqueles que trabalham com situações mentais. As discussões nos seminários auxiliam o observador a conscientizar-se de sua contratransferência e das identificações projetivas, constituindo um treino para sua atividade clínica, situação na qual deve estar em condições de olhar seu paciente sem se deixar invadir pelas suas identificações.

Esse processo ao qual o observador é submetido passa a ser uma experiência emocional transformadora de sua identidade analítica, situação que facilitará modificações mentais na dupla observada.

O observador iniciante, embora possa ter experiência clínica, defronta-se com uma situação nova, diferente da vivida até então, que requer a criação de um espaço externo e interno para acolher a turbulência gerada pela aproximação a relações tão intensas e primitivas, que ocorre tanto na dupla mãe-bebê como nele.

A experiência emocional transformadora da identidade analítica do observador é um importante elemento no desenvolvimento das funções de um analista, além de propiciar e promover modificações mentais na dupla mãe-bebê em relação aos seus aspectos mais primitivos.

Referências

Bick, E. (1967). Notas sobre la observación de lactantes en la enseñanza del psicoanálisis. *Revista de Psicoanálisis, 24*(1), 97-115.

Bion, W. R. (1988). Estudos revisados. In *Second thoughts* (pp. 135-138). Rio de Janeiro: Imago. (Trabalho original publicado em 1967).

Bion, W. R. (1975). *Experiências com grupos* (pp. 129-177). Rio de Janeiro: Imago. (Trabalho original publicado em 1968).

Correa, M. J., Ungar, V., & Zac, H. (2010). La transferencia y en rol del observador en el método Bick. Painel apresentado no XX Congresso da Federación Psicoanalítica de América Latina (Fepal), Bogotá, Colômbia.

Freud, S. (1969). Recomendações aos médicos que exercem a psicanálise. In *O caso Schreber, artigos sobre técnica e outros trabalhos* (p. 147). Rio de Janeiro: Imago. (Edição Standard Brasileira das Obras Psicológicas Completas de Sigmund Freud, v. 12). (Trabalho original publicado em 1912).

França, N. R. F. (2010). *Comentários sobre o painel "La transferência y el papel del Observador en el Método Bick"*. Apresentado no XX Congresso da Federación Psicoanalítica de América Latina (Fepal), Bogotá, Colômbia.

França, N. R. F., & Grunspun, S. (2005). *Facetas da observação*. Trabalho apresentado no XX Congresso Brasileiro de Psicanálise, 2005, Brasília, Brasil.

Grunspun, S. (2003). *Observando a observação de bebês*. Trabalho apresentado em reunião científica da SBPSP.

Houzel, D. (1997). Observação de bebês e psicanálise, ponto de vista epistemológico. In M.-B Lacroix, & M. Monmayrant (Orgs.), *Observação de bebês: os laços do encantamento* (pp. 87-94). Porto Alegre: Artes Médicas.

Houzel, D. (2010). Infant Observation and The Receptive Mind. *Infant Observation, 13*(2), 119-133.

Inglez de Souza, M. (2003). Observação de bebês, sua contribuição para a formação do psicanalista. Trabalho apresentado no VI Encuentro Latino Americano de Institutos de Psicoanálisis, Santiago, Chile.

Klein, M. (1985). Sobre a observação do comportamento de bebês. In *Inveja e gratidão e outros trabalhos* (pp. 119-148). Rio de Janeiro: Imago. (Trabalho original publicado em 1952).

Mélega, M. (1987). Observação da relação mãe-bebê, instrumento de ensino em psicanálise. *Revista Brasileira de Psicanálise, 21*(3), 309-327.

Lartigue, T. (1999). Relevância para el psicoanálisis de la observación de bebés. *Cuadernos de Psicoanálisis, 32*(1-2), 47-62.

Sandri, R. (1997). O grupo de observação: escuta, *rêverie*, transformações. In M.-B Lacroix, & M. Monmayrant (Orgs.), *Observação de bebês: os laços de encantamento* (p. 63). Porto Alegre: Artes Médicas.

Talberg, G. (1997). A supervisão da relação mãe-bebê. In M. P. Mélega, *Tendências: observação da relação mãe-bebê método Esther Bick* (pp. 109). São Paulo: Unimarco.

Ungar, V. (2000). *Os fundamentos teóricos en el método de observación de bebés de Mrs. Bick*. Buenos Aires, apostila.

Ungar, V., & Lisondo, A. (2002). *Permanências y câmbios en el método de Observacion de Esther Bick*. Apresentado no XXIV Congresso Latino Americano de Psicanálise da Federación Psicoanalítica de América Latina (Fepal), Montevidéu, Uruguai.

Ungar, V. et al. (2001). *La Observación de Bebés y la identidad psicoanalítica*. Apresentação no Departamento de Niños y Adolescentes, Asociación Psicoanalítica de Buenos Aires (APdeBA), Buenos Aires, Argentina.

Vilete, E. (1997). Observação da relação mãe-bebê. A especificidade do método. In M. P. Mélega, *Tendências: observação da relação mãe-bebê método Esther Bick* (pp. 85). São Paulo: Unimarco.

8. Observação de bebês em UTI neonatal e intervenções pais-bebê: instrumentos facilitadores desde os primeiros cuidados pediátricos

Mariângela Mendes de Almeida,[1] Rayssa Yussif Abou Nassif,[2] Maria Elisangela Nunes Carneiro,[3] Beatriz Len[4] e Cecilia Harumi Tomizuka[5]

Apresentando o corpo do trabalho

Discutimos aqui os desafios de um núcleo de atendimento psicanalítico a pais-bebês/crianças em contexto pediátrico, promovendo integrações entre corpo e psiquismo desde o início dos cuidados

---

1 Psicóloga, membro filiado ao Instituto de Psicanálise "Durval Marcondes" da Sociedade Brasileira de Psicanálise de São Paulo (SBPSP). Mestrado pela Tavistock Clinic e University of East London e doutorado pela Unifesp. Coordenadora do Núcleo de Atendimento a Pais e Bebês do Setor de Saúde Mental do Departamento de Pediatria da Unifesp. Docente no curso Relação Pais-Bebês: da Observação à Intervenção, no Instituto Sedes Sapientiae, São Paulo.
2 Psicóloga da UTI Neonatal do Hospital São Paulo/Unifesp. Tutora do método canguru de atendimento humanizado a bebês de baixo peso, pelo Ministério da Saúde. Membro do Grupo de Bioética e Cuidados Paliativos da Pediatria da Unifesp. Vice-coordenadora do Grupo de Cuidados Paliativos Neonatais.
3 Psicóloga, membro do Núcleo de Atendimento a Pais e Bebês do Setor de Saúde Mental do Departamento de Pediatria Unifesp.
4 Psicóloga, com mestrado na Paris Diderot – Paris 7. Pesquisadora no Centro Alfred Binet, Paris.
5 Pediatra, membro do Núcleo de Atendimento a Pais e Bebês da Unifesp. Psicanalista de crianças pelo Instituto Sedes Sapientiae.

em saúde. Oferecemos uma rede de suporte abrangente que integra o trabalho psicoprofilático numa fase inicial do desenvolvimento infantil e do estabelecimento das primeiras relações, com intervenções terapêuticas tão logo se detectem preocupações ou sinais sutis de alarme no desenvolvimento psicológico e vincular.

Nossa inserção como participantes do Setor de Saúde Mental do Departamento de Pediatria, nos vários contextos do hospital em que as relações pais-bebês se mostram fundamentais, também tem proporcionado espaço para crescimento recíproco (enfermarias, UTI neonatal, atendimento a prematuros, participação em grupos de pais, grupos com os profissionais, participação junto à formação dos médicos residentes etc.), facilitando integrações somatopsíquicas no cotidiano profissional. As reuniões semanais dos envolvidos nesses trabalhos (coordenadora, supervisores, psicólogos da equipe, especializandos em psicologia da infância), realizam a função de integração do serviço e aprofundamento de reflexões teórico-práticas.

Apresentaremos breves vinhetas ilustrativas, as primeiras em contexto de atividade observacional realizada por estagiários de psicologia em UTI neonatal, com registro posteriormente compartilhado em grupo de reflexão com auxiliares de enfermagem responsáveis pelos cuidados no berçário. Agradecemos a contribuição das psicólogas especializandas Lucimara Fernandes, Carolina Spadini e Giane Monteiro, pelas observações e pelas experiências compartilhadas em seus estágios de UTI neonatal.

O material complementar refere-se a um atendimento em "Intervenção nas relações iniciais" realizada por uma psicóloga colaboradora. As ilustrações pretendem destacar nosso empenho em promover integrações somatopsíquicas com base no olhar analítico em desenvolvimento, propiciando – desde os primeiros percursos pelos atendimentos de saúde (tanto para os pacientes e suas famílias quanto para os profissionais em aperfeiçoamento) – uma visão mais ampliada do corpo em expressão sensorial e emocional, e suas sutis formas de comunicação de sofrimento e manifestação de estados mentais, desde os mais primitivos.

Laura

O corpo falando por suas mudas extensões

Segue-se o relato dos primeiros contatos de uma estagiária de psicologia em UTI neonatal.

Pensamos ser interessante para esta experiência que se considerem os elementos destacados pela modalidade de observação psicanalítica concebida por Esther Bick (1948/1967). Embora não se trate aqui de uma observação clássica, nem haja a possibilidade de se estruturar uma atividade por um tempo tão extenso quanto o que consideramos essencial para a formação analítica, consideramos importante como aprendizagem incentivar e transmitir algumas posturas básicas do estado de mente que caracteriza a observação psicanalítica: observação a detalhes emocionais, tanto no bebê quanto no que se evoca em seus cuidadores e no próprio observador, ausência de julgamentos e pré-conceitos, tolerância ao não saber e continência interna a estados de turbulência sem a busca ativa de dados, priorizando-se a ressonância interna aos eventos emocionais e relacionais observados.

Segue, agora, o relato da própria aprendiz:

Foi feita uma exploração do local, que, além de uma oportunidade de averiguar o ambiente, permitiu uma observação geral de bebês. Observações mais duradouras e minuciosas não configuraram o enfoque dessa visita: foi uma experiência que deu margem a um apanhado de primeiras impressões.

Laura foi uma das primeiras bebês observadas e, além da prematuridade, apresentava uma má formação fetal. Havia uma deformação em seus braços que se agravava nas mãos, que não chegaram a se desenvolver, e havia muitos pelos nessa região de seu corpo. "Tão pequena e tanta coisa já acontecendo e marcando essa menininha", esse foi o primeiro pensamento.

Surgiu um sentimento de pena – um afeto importante de ser considerado ao se levar em conta a análise do impacto no observador. Tal sentimento surgiu sem que nada a respeito dessa família e do que estava acontecendo tivesse sido informado; o contato com Laura não foi além dessa breve observação. Os pais dessa criança poderiam, por exemplo, estar extremamente presentes e afetuosos, torcendo e acreditando na sua força, o que seria capaz de transformar essa marca da morte e da doença em um profundo e belo vínculo familiar.

Tal reflexão mostra um importante aspecto referente à observação de bebês: muitas vezes, nada se sabe sobre o ambiente e a respeito das relações dos bebês com as pessoas em seu entorno. No entanto, tal ausência de saber pode promover ressonâncias no profissional que, ao serem refletidas e elaboradas, servem como valioso material que auxilia no caminho para a tentativa de compreensão do que se passa no universo interno dos bebês – em suas mentes –, que é inevitavelmente permeado pelo corpo físico e orgânico.

A vontade inicial foi de fazer carinho nos pequenos pezinhos de Laura, pois surgiu uma imaginação de que esse afeto físico poderia estar fazendo falta em um momento no qual seu estado pudesse assustar – especialmente pensando nas figuras parentais, que provavelmente tivessem outro ideal de bebê. Dentro do contexto da UTI, surgiu a impressão de um bebê ainda mais frágil que os demais, possivelmente devido à variável sindrômica. "O que fazer com essas sensações? Por que elas aparecem?"

A sensação e vontade de fazer carinho nos pés da bebê foram contidas – o que pode ter sido angustiante – para tentar compreender as observações feitas.

Discussão do grupo semanal aberto com assistentes de enfermagem

Esse grupo de reflexão ocorre por solicitação da própria equipe de enfermagem, para discussão de situações de trabalho na UTI neonatal.

Algumas enfermeiras permanecem no grupo do começo ao fim, enfermeiras responsáveis por atividades administrativas ficam por parte do tempo e outras ficam por perto enquanto responsabilizam-se pelos cuidados de um bebê (acompanhando as conversas e participando verbalmente em momentos específicos).

No dia aqui relatado, a psicóloga coordenadora pergunta se alguma situação da última semana havia chamado a atenção, despertado algum pensamento, sentimento, e a enfermeira diz que Laura a fez pensar. Ela diz que, sinceramente, não sabia se Laura sobreviveria por mais uma semana na UTI (devido à gravidade de seu caso).

A apresentação do relato de observação de Laura pela estagiária de psicologia foi interessante, pois a enfermeira, que havia manifestado interesse em conversar sobre Laura, destacara sua preocupação frente à precária saúde da bebê. No grupo, pudemos escutar uma outra visão a respeito da mesma bebê. A questão da fragilidade foi também destacada pela psicóloga como evocada pela instância corporal, suas mãozinhas inexistentes.

A vontade inicial de fazer carinho nos pés de Laura mostrou-se interessante: faz sentido ao pensar que as mãos – um canal corporal que abre tantas portas para o relacionamento subjetivo – não existem. É natural a vontade de mexer nas mãozinhas de um bebê, e a reciprocidade desse prazer (sensorial e emocional) é evidente quando os bebês agarram os dedos dos adultos ou se oferecem como objetos do desejo do outro por essa porta de entrada. O bloqueio dessa importante via corporal gera vicissitudes na dinâmica relacional do bebê.

A psicóloga que observou Laura pôde legitimar a mistura de sentimentos a respeito dessa mãozinha: por um lado, aflição de algo aparentemente estranho; por outro, um receio em tocar – e daí a vontade de tocar os pés –, devido a não saber das sensações do toque nesse local marcado pela malformação, como se esse toque fosse invasivo ou desrespeitoso. As duas enfermeiras presentes nesse momento relataram experiências variadas em relação a tocar nas mãos dos bebês, destacando situações em que isso é necessário para os procedimentos de cuidados médicos e de higiene.

As mãos de Laura talvez não se apresentassem tão convidativas ao toque – fosse por certa aflição, fosse por certa sensação de invasão etc., como seria tão natural nos contatos com bebês. De fato, as mãos são um grande canal no contato com os outros e com o mundo. Será que o possível bloqueio dessa porta de entrada poderia comprometer a construção de vínculos numa fase na qual o afeto transmitido pela via corporal é estritamente importante? Ampliamos esse canal da mão para Laura como um todo, questionando como tem vivido essas experiências de troca e mesmo de intervenções médicas.

No grupo com os profissionais da UTI, a reflexão prosseguiu e floresceu: a sobrevivência de Laura (assunto trazido pela enfermeira) ou sua fragilidade (observação da psicóloga) evocaram impressões, pensamentos ou sentimentos que puderam ser expressos, legitimados e compreendidos com base na apreensão sensorial e no impacto emocional. No entanto, é muito difícil ignorar as íntimas interfaces entre corpo e mente para tentar compreender a dinâmica dessa bebê e de tantos outros.

Uma outra estagiária de psicologia, ao observar outra bebê também sindrômica, trouxe uma interessante contribuição para esse tema: notou que se mobilizava corporalmente em torno da incubadora para olhar a bebê de vários ângulos e de várias posições. A cada movimentação da observadora, uma perspectiva diferente se destacava, um lado de seu rosto evocava uma impressão, no outro lado, a impressão era outra, e a bebê era ao mesmo tempo uma combinação de todos esses aspectos. Tal flexibilidade e plasticidade observacional reflete-se como uma importante maleabilidade psíquica presente no olhar relacional dos pais e dos profissionais de cuidado dirigido aos bebês.

Um bebê sem nome: o começo de uma nova história

Outra experiência de observação realizada apontou para a correlação entre a expressão corporal da bebê com sua história de vida. No momento, se tratava de uma bebê prematura nascida havia pouco tempo, e nem a mãe, nem a equipe de saúde que a acompanhava sabiam da gestação. A mãe estava gestando a bebê enquanto foi submetida a um transplante renal.

Na observação feita pelo psicólogo estagiário no setor, foi dada voz a esse bebê tão silencioso. Curiosamente, a forma escolhida para o registro foi justamente a de fazer o bebê falar:

Fiz o máximo possível para ficar quietinha e passar despercebida. Acho que funcionou. Agora, por sinal, também estou fazendo um esforço para ficar quietinha. [...] Uma coisa que eu aprendi quando eu ainda morava naquele lugar escuro, porém aconchegante que era a barriga da minha mãe, foi a não me mover muito. É difícil com tanto barulho e, às vezes, acabo tomando um susto! Mas isso tem acontecido cada vez menos, pois já estou me acostumando às turbulências desse mundo que é tão diferente daquele que eu conhecia.

Um outro momento, muito bonito e importante para a equipe, foi ver a importância e a relação bem estabelecida entre o bebê e seus aparelhos, assim como o aparato de pessoas especializadas e voltadas para sua sobrevivência. A interação é descrita pela psicóloga como uma dança, integrando o corpo em desenvolvimento físico e psíquico.

Anna Elyza e seu brincar com a vida

Os olhos da psicóloga observadora miravam por alguns minutos todas as nuances do corpo, respiração e movimentos sutis de Anna Elyza.

Sente o encanto e ao mesmo tempo o incômodo de sentir-se uma intrusa como observadora do seu recolhimento interior tão necessário, profundo, e que, a seu tempo, prematuramente, pede para deixar-se ali mergulhada pelo aconchego aquecido e de textura macia. Paradoxalmente, a bebê parece querer explorar o mundo aqui fora, mas, ao mesmo tempo, quer vivenciá-lo no seu tempo e ritmo. Apesar dos riscos físicos e psíquicos, se autorizou a experimentar – seu semblante sereno confirma seu saber. A máquina que a liga às suas funções vitais, de minutos em minutos, faz com que conversem entre si. A psicóloga percebe ser uma conversa entre eles, como uma relação íntima e profunda, sem espaço para incluí-la ou explicarem o que se passa; ela fica apenas com sua observação. Soa como um acordo selado, combinado, interdependente, mediado por uma assistência de cuidadores que, de vez em quando, chegam perto para monitorá-los e evitar que essa brincadeira relacional termine em tragédia ou sustos desnecessários. Sabem que um depende do outro e que, juntos, podem superar essa fase de construção de um sujeito.

Joaquim e seu contato com o mundo externo

Em outra observação, outra psicóloga se posiciona próximo a Joaquim, um bebê prematuro com menos de um quilo de peso, com muitos aparelhos ao seu redor. Em diversos momentos, a observadora se vê dividindo o olhar e o cuidado com uma enfermeira. Com um olhar atento para seus micromovimentos e manifestações, olha Joaquim, que também nota seus movimentos e começa a se mexer. Dessa vez, um pouco mais forte. Estica a perna, os braços, os dedinhos, como se estivesse se espreguiçando, e, após contrair os músculos, relaxa e se aconchega. Para a observadora, esses movimentos continham algo de se conectar ainda mais.

Sinto que era como se o bebê quisesse mostrar o que era capaz de fazer. Cada movimento me deixava mais atenta, Joaquim passava a repeti-los com mais e mais força, contraía-se por inteiro e fechava suas mãos como se estivesse lutando e, então, relaxava, acalentando-se com a própria mão no pescoço.

A psicóloga observadora pensa como ele estava mostrando sua força e que estava, sim, vivo, contrariamente ao que se havia pensado no início. Mas, mais do que conhecê-lo por meio dos aparelhos, agora, ela o conhecia também nos olhos, no seu mundo mais íntimo e tão particular.

Na semana seguinte, no grupo realizado com as enfermeiras da UTI neonatal, foi possível falar um pouco sobre a observação de Joaquim. O fato de a psicóloga observadora ter se sentido tão impactada e ter ficado tão em dúvida se o Joaquim estava vivo ou não serviu de exemplo para refletirmos sobre o que a mãe poderia pensar ao encontrá-lo naquelas circunstâncias. O pensamento de "será que está vivo? Será que ele vai parar a qualquer momento?" é algo que inunda a mente de quem o observa. Quanto isso pode afastar a mãe de um contato mais profundo com ele, deixando-a mais confortável para cumprir as tarefas operacionais? A observação da comunicação não verbal do Joaquim, entretanto, de quanto a psicóloga observadora tinha a sensação de que ele queria mostrar sua vivacidade, somada ao relato da enfermeira que o acompanhava diariamente, poderia servir de motivação para a mãe reconhecer ali um sujeito.

Dani e Nilda: *de um só corpo aos corpos em expressão. Atendimento em intervenção nas relações iniciais e grupo pais-bebês/crianças pequenas*

A criança, um garoto de 3 anos, temporão em uma família com outros irmãos mais velhos, havia sido trazido por sua mãe por irritabilidade, relação de muito apego com a mãe, alimentação seletiva. No grupo de atendimento a pais e bebês, Dani e sua mãe parecem um só corpo, enlaçados em um colo-barriga, unificado em voz materna que fala por si e pela criança sobre seus gostos e suas evitações. A criança, em postura marsupial, se enfia e se esconde no corpo da mãe, quase não se vê seu rosto e pouco se ouve sua voz, bicho-preguiça-bebê já avantajado agarrado à sua base, imobilizado e imobilizando-a. Em momentos fugazes, ela o estimula a explorar o grupo, o chão brincante, o contato com outros corpos-crianças. A abertura de espaço é rápida, e o duplo vínculo, poderosa comunicação paradoxal, se evidencia no (des)encontro entre o discurso verbalizado e o gesto: ao mesmo tempo que a fala diz "Vai!", os braços se rearranjam em arco, sugerindo "Fica!".

Dani e sua mãe prosseguem em acompanhamento em nosso setor tanto em grupo de atendimento pais-bebês e crianças pequenas quanto em intervenção nas relações iniciais, em que são convocados os pais e a criança em atendimento vincular da família nuclear. Aqui, aos 3 anos e 10 meses, Dani comparece a um atendimento acompanhado por sua mãe. Com a palavra, a psicóloga colaboradora que atendeu essa família:

Logo ao chegar, a criança pega as peças do tatame de EVA e monta uma espécie de barreira que me separa dele e de sua mãe, ficando eu de um lado e a dupla do outro lado da sala.

Enquanto a mãe se ocupa descrevendo o momento que vivencia de preocupação e angústia devido à descoberta da gravidez da filha de 15 anos, Dani se apropria aos poucos do espaço terapêutico.

No contato com a criança, lhe digo que. quando o vi um ano antes, durante a triagem, ele era menor, e que percebi que agora ele tinha crescido e estava forte. Nesse momento, ele tira sua camisa para me mostrar sua barriga, que estava, segundo ele, cheia de comida, e os músculos dos braços, concordando comigo que estava grande e forte.

Aos poucos, Dani ultrapassa a barreira para falar comigo, pede minha caneta ou mostra algum brinquedo, buscando um contato, que possivelmente representa, naquele momento, o mundo do outro lado da barreira, além da relação simbiótica que ele mantém com sua mãe, e que certamente está difícil de ser acessado se se mantém ainda tão ligado e dependente do contato corporal e psíquico.

Enquanto a mãe relata a rotina de Dani, comentando que ele dorme agarrado (sic) *a ela e que ainda mama no peito, ele pede minha caneta e fala para a mãe escrever em sua barriga seu nome, "Dani". A criança vem me mostrar o que a mãe escreveu e começa a riscar um círculo ao redor de seu corpo, como se precisasse marcar seu contorno, separado de sua mãe, delineando de uma forma concreta o que ainda não fora possível simbolizar.*

Durante toda a sessão, a criança permanece falante, expondo suas vontades de forma insistente, parecendo, por um lado, pedir limites, por outro, ignorando-os ao supor que a mãe tem que lhe fazer todas as vontades que lhe pede.

De qualquer forma, é notável como o comportamento de Dani está diferente; nas poucas vezes que o vi, ele sempre estava no colo de sua mãe, evitando qualquer contato externo, se relacionando somente com sua mãe. Nessa sessão, ele se mostrou mais disponível e ativo.

A dupla ainda se encontra a caminho de uma possível diferenciação, em que o corpo de um agarrado ao do outro pode, pouco a pouco, ser substituído por dois corpos em maior relação de autonomia e separabilidade.

Considerações finais: o olhar psicanalítico como potencializador da integração somatopsíquica no atendimento clínico à comunidade e na formação profissional

Procuramos aqui demonstrar nosso investimento para favorecer o desenvolvimento de um olhar relacional e de recursos para o trabalho psicoprofilático e interventivo nas relações iniciais, com pais e crianças pequenas. Preparamos, assim, psicólogos em especialização em nosso setor para o desenvolvimento de uma abordagem vincular, infelizmente ainda não tão presente quanto seria desejável em nossos cursos de graduação na área de saúde.

O olhar psicanalítico, em modalidades de observação de bebê em seu contexto relacional, intervenção vincular e grupal, disponível desde os primeiros contatos pediátricos com a saúde da comunidade, pode favorecer a consideração das interfaces no desenvolvimento somatopsíquico. Por meio desses dispositivos, em postura analítica atenta ao impacto emocional em nosso próprio radar somatossensível contratransferencial, conectamos corpo e mente, em apreensão integrada do indivíduo e de nossas relações.

Referências

Barandon, T., Broughton, C., Gibbs, I., James, J., Joyce, A., & Woodhead, J. (2005). *The Practice of Psychoanalytic Parent-Infant Psychotherapy*. London/New York: Routledge.

Bechelli, I. A. B. (2002). *Entrevista única: uma abordagem preventiva na díade mãe-bebê* (Tese de Mestrado). Universidade Metodista de São Paulo (Umesp), São Paulo.

Bechelli, I. A. B., Silveira, M. M., & Joppert, S. M. H. (2006). *Aplicação da psicanálise em saúde pública: sistematização de um serviço preventivo no desenvolvimento do bebê*. Trabalho apresentado no I Encontro Nacional sobre o Bebê, São Paulo, Brasil.

Bechelli, I. A. B., & Tosta, R. M. (2006). *Prevenção precoce de distúrbios psíquicos na saúde e na doença: a atuação com bebês, pais e profissionais cuidadores em diferentes contextos institucionais*. Trabalho apresentado no II Congresso Brasileiro Psicologia: Ciência e Profissão, São Paulo, Brasil.

Bick, E. (1967). Notas sobre la observación de lactantes en la enseñanza del psicoanálisis. *Rev. Psicoanal.*, *24*(1), 97-115, Buenos Aires. (Trabalho original publicado em 1948).

Cullere-Crespin, G. (2004). *A clínica precoce: o nascimento do humano*. São Paulo: Casa do Psicólogo.

Mendes de Almeida, M., Marconato, M. M., & Silva, M. C. P. da. (2004). Redes de sentido: evidência viva na intervenção precoce com pais e crianças. *Revista Brasileira de Psicanálise, 38*(3), 637-648.

Mendes de Almeida, M., Bechelli, I. A. B., Silveira, M. L. M., & Silveira, M. S. (1987). Atendimento conjunto pais-bebês: alternativas em psicoprofilaxia e intervenção clínica. *Pulsional Revista de Psicanálise, 22*(4), 7-14. São Paulo: Escuta.

Silveira, M. M., Botelho, B. H. F., Batista, I. B. A., Campos, M. L. F. S., Dittmers, D. B., & Nakagawa, P. Y. (2000). *Aplicação da psicanálise em saúde pública: sistematização de um serviço preventivo no desenvolvimento do bebê.* Trabalho apresentado no XXXI Congresso Brasileiro de Pediatria, Fortaleza, Brasil.

Stern, D. (1997). *A constelação da maternidade: o panorama da psicoterapia pais-bebê.* Porto Alegre: Artes Médicas.

Winnicott, D. W. (1996). A mãe dedicada comum. In *O bebê e suas mães* (pp. 1-11). São Paulo: Martins Fontes.

9. Um psicanalista na creche

Henriqueta Maria R. Ginja da Costa Martins[1]

As famílias de hoje não se comparam às que foram estudadas no tempo de Freud. Atualmente, existem pais que têm o primeiro filho em idades cada vez mais extremadas, há um acréscimo de famílias monoparentais, de famílias recompostas, pais e mães com filhos de vários companheiros(as), casais sem filhos, casais com filhos adotivos, casais homossexuais. Há mais bebês prematuros, nascidos pelas mais variadas técnicas de procriação médica assistida (PMA), de barrigas de aluguel. No que diz respeito a essas crianças, o que segue igual é que, de fato, continuam a não nascer todas iguais em direitos (Ferreira, 2002).

É urgente observar e refletir sobre como as identidades dos pais e das crianças se constroem e reconstroem atualmente, e reconhecer a nossa ignorância diante daquilo que ainda não sabemos.

---

[1] Psicóloga, membro aderente da Sociedade Portuguesa de Psicanálise (SPP). Membro efetivo no Serviço de Saúde de Psiquiatria da Infância e Adolescência da Santa Casa da Misericórdia de Lisboa. Coordenadora e responsável pelo projeto psico-pedagógico e preventivo da creche "Casa do Bebé", da Associação Crescer e Formar de Lisboa.

Devemos questionar como é que podemos conhecer o outro sem nos confundirmos, sem projetarmos os nossos fantasmas, necessidades ou ideais. Em que lugar nos posicionamos e qual o lugar que damos ao outro? Como se desenvolvem as várias subjetividades unidas e separadas, respeitando as diferenças e autonomias de cada um? Como podemos compreender as questões da monoparentalidade social e psíquica? Quais os efeitos das mutações contemporâneas dos papéis e das funções sobre a subjetividade e, em particular, sobre a relação adulto-criança? Quais os fantasmas na mente dos pais? Poderão um dia escolher a genética de um bebê, como quem escolhe um carro com pneus de liga leve? Continuarão as crianças a sustentar-se nas teorias sexuais infantis e no romance familiar, da mesma forma que sempre o fizeram?

É necessário nos mantermos abertos a outras ciências e conhecimentos sem, no entanto, perdermos a nossa especificidade como psicanalistas. Precisamos integrar a problemática da presença e da influência de um sujeito sobre outro com os elementos que possuímos sobre a ausência (Roussillon, 2004) e, assim, continuar a desenvolver a nossa função continente e a expandir o nosso universo mental.

Para que tal possa acontecer, importa ter em conta as questões intersubjetivas conscientes e inconscientes (de um sujeito animado de pulsões e de uma vida psíquica com um objeto que é também um outro sujeito com as mesmas características), a forma assimétrica de partilhar os estados afetivos, o aspeto bidirecional da relação, as invasões que não foram suficientemente contidas e integradas que vêm do interior e do exterior.

Importa ter em conta que, em certas situações, os pais podem sentir-se impedidos de planejar e elaborar um curso para o desenvolvimento dos seus filhos, quando se encontram privados de uma ampla parte do processo imaginativo, quando têm dificuldades na construção de uma estrutura representacional futura, formando um vazio representacional. Stern dizia: "Quando nós não podemos imaginar o futuro, não podemos avaliar o presente. Um dos pilares de todo o empreendimento da representação foi retirado" (1995/1997, p. 52). Nessas circunstâncias, se os pais não forem ajudados a olhar para esse vazio, que poderá ser preenchido por maus presságios, não se pode evitar o fracasso na ontogênese das suas representações sobre a criança presente e futura, além do correspondente fracasso nas representações da criança em si mesma.

Mais do que interpretar, é preciso observar e escutar, atendendo aos registros arcaicos que existem em cada um de nós e nos outros, às modalidades corporais, sensoriais e emocionais que estão aquém da linguagem falada, na comunicação com a criança e com os pais.

Por isso, o importante é que os outros sintam que estamos com eles ativamente, num estado de receptividade perceptiva, emocional, empática e inconsciente, envolvendo uma posição de não julgamento e de não conhecimento. Observar e escutar os primeiros tempos de vida nos diferentes contextos, sem ficarmos impermeáveis aos sentimentos, é considerar que os outros (não Eus), mães, pais, bebês e educadores nunca estão totalmente fora de nós (Eu), é prevenir os problemas de desenvolvimento, o que é, nos dias de hoje, uma necessidade primária da civilização ante a solidão das crianças e dos pais, ante o absurdo da hipermedicalização.

Todas essas questões reatualizam a importância, a pertinência e o interesse pelo método de observação da relação mãe-bebê no seio da família segundo Esther Bick (1964, 1968).

Esse método, preconizado por Esther Bick, consiste numa observação minuciosa que não é reduzida à visão ou à captação da imagem, dado envolver uma dimensão temporal, rítmica e uma reflexão *a posteriori*. Diferente da observação em que nos posicionamos "de fora" do objeto de estudo, a observação da relação mãe-bebê no seio da família tem de ser acompanhada por uma reflexão sobre a nossa própria contratransferência. Nesse sentido, não se trata de mais uma metodologia para o nosso arsenal científico, mas de uma posição ética de humanização. Esther Bick (1964, 1968) recomendava que observássemos de forma rigorosa e sem *a prioris*, de forma a abrirmo-nos ao outro, ir além das teorias, o que mais tarde Houzel (2010) denominou tornarmo-nos uma mente receptiva para a relação mãe-pai-bebê.

O que a observação Esther Bick nos possibilita é sermos e estarmos como continente, capazes de acolher, conter e integrar os não ditos, os dados prosódicos, a velocidade do discurso, o tom de voz, as pausas e hesitações, os sonhos e toda uma dimensão emocional-afetiva, permitindo-nos uma compreensão que vai além da reconstrução retrospectiva das experiências. Para o observador, não se trata unicamente da investigação direta dos primeiros meses de vida do bebê, mas o pôr em prática uma dupla função: de contenção (função materna) e de diferenciação (função paterna), de modo a desenvolver a capacidade de permanecer na posição de terceiro (Maiello, 2007).

Três tempos essenciais fazem parte do processo de observação. O primeiro diz respeito à presença discreta do observador na família, atento aos mínimos detalhes exteriores e às emoções dentro de si, tentando absorver o clima familiar. No segundo tempo, o observador deve tomar notas detalhadas e factuais imediatamente após a observação rigorosa das comunicações verbais, não verbais e infraverbais observadas na família e em si mesmo, reportando o que observou externa e internamente. Esse tempo de escrever a observação confronta o observador, desde o início, com a capacidade de funcionar como um continente para o que foi observado, construindo as sequências dos acontecimentos sem alterar a sua qualidade emocional. No terceiro tempo, no contexto de um seminário semanal, o observador lê a sua narrativa, em voz alta, no seio de um grupo atento, do qual faz parte um supervisor experiente nesse método de trabalho. O grupo, então, partilha o seu sentir e pensar e as suas conjecturas relacionadas com o material apresentado. Esse tempo de contenção e reflexão, sob a forma de "sonho acompanhado", permite um desenvolvimento conceitual mais amplo e mais sofisticado dos sentimentos e imagens recolhidos durante a observação. Quando há um ambiente de segurança dentro do grupo, as contribuições do supervisor e dos restantes membros incentivam a exploração em profundidade dos movimentos contratransferenciais. É, então, nesse tempo, que se pode adquirir uma visão binocular acerca do que se observou. Os seminários semanais não se constituem como discussões teóricas (defensivas), como se as teorias importassem mais do que as emoções vividas, dificultando, por isso, a emergência do novo, mas como um espaço de reflexão e de procura de significados. São um tempo-espaço seguro para a expressão da confusão e da incerteza, e a atmosfera de não julgamento é promotora de mais curiosidade e de mais conhecimento.

O reconhecimento de que os observadores se identificam fortemente com a vulnerabilidade das crianças leva a que essas emoções devam ser cuidadosamente geridas, de modo a assegurar-se uma relação ética com a família, sem intervir para tentar mudar o comportamento da mãe e/ou do pai ou fazer recomendações, respeitando as diferenças e autonomias de cada um dos protagonistas. Isso faz com que o observador possa ser alvo de intensas identificações projetivas do bebê, da mãe ou do pai, ou, inversamente, ser ele próprio tentado a projetar os seus conteúdos inconscientes. Assim, quando os pais revelam dificuldades em estabelecer uma ressonância emocional com os estados psíquicos do bebê, tendemos a identificar-nos com este, pelo que é sempre necessário percebermos, como sugere Maiello (2007), quem é o bebê que sofre. Será o bebê observado? Será a criança interna de cada mãe e pai? Ou será a criança interna do observador, projetada no bebê observado?

Para além do propósito inicial de treino de psicanalistas ou psicoterapeutas de crianças (Briggs, 1997; Reid, 2003; Rustin, 1989, 2002; Sternberg, 2005), o método de observação de Esther Bick tem sido progressivamente reconhecido no âmbito da investigação, utilizado em diferentes domínios: saúde, educação e social. Conforme assinala Briggs (2005), do ponto de vista científico, o princípio central do método Bick é a primazia da descoberta em relação à explicação. A sua maior valia diz respeito às implicações clínicas, especialmente quando aplicado em casos e situações atípicos, daí o alargamento da sua aplicação em vários contextos. Em ambiente hospitalar, verifica-se que a observação influencia não só os pais, mas também a equipe médica e de enfermagem (Cresti & Lapi, 1997; Druon, 1997, 1996/2005; Hinshelwood, 2002; Martini, 2000; Wirth, 2000). A presença semanal do observador e a sua atitude empática e não intrusiva fazem com que o método tenha um efeito terapêutico.

Quando trazemos os ensinamentos da observação de Esther Bick da família para a creche, privilegiando a escuta, a continência emocional do observador diante da transferência, da contratransferência e da comunicação por identificação projetiva, procuramos promover a transformação dos elementos pré-verbais em narrativas e favorecer a contenção em cada um dos intervenientes. É importante tornarmo-nos uma mente receptiva para bebês, pais e o restante da equipe pedagógica, reconhecendo a influência contínua de todos sobre todos.

Fora do *setting* habitual, o psicanalista na creche procurará manter sua função analítica, respeitando o que é consciente ou inconsciente em relação à sexualidade, de forma a desenvolver a sua *capacidade negativa* numa prática marcada pela abertura e pela reverência perante a singularidade do outro, de forma a *aprender com a experiência* (Bion, 1962/1991).

Na creche como na clínica, quando estamos perante as dificuldades no encontro analítico, é preciso considerar um retorno aos nossos bebês internos, observá-los e escutá-los; em vez de interpretar, repetindo o que já se sabe; sermos capazes de submergir em climas afetivos muito remotos, que permanecem em silêncio nos tempos primitivos de cada um de nós.

Sempre que tentamos falar de bebês, somos confrontados com o sofrimento. Por isso, é necessário submetermo-nos a uma autorreflexão crítica que nos permita tolerar a frustração e o fato de não compreendermos. Nesse sentido, para entrarmos no mundo das crianças e dos pais, é necessário observarmos e refletirmos sobre as nossas semelhanças e as nossas diferenças, e pensar nelas em equipe.

Na creche, estamos acompanhadas de todas as nossas angústias, fantasias, desejos, todo o nosso passado, todas as nossas experiências de bebê, de filha e de mãe. Nossa responsabilidade é enorme, sentimo-nos observadas pelo bebê, que é um especialista em perceber a atmosfera emocional à sua volta. Qualquer mudança no ambiente, que ele não pode controlar, pode ser terrível ou benéfica. Por essas razões, observar e cuidar de um bebê exige uma disposição especial para a comunicação por parte do cuidador, mediada pela empatia e por sistemas de comunicação arcaicos, não verbais.

Por vezes, vivemos situações sem sentido que não conseguimos entender, que não conseguimos solucionar, e, por isso, resta-nos senti-las e pensá-las em conjunto. Só a interpenetração das emoções e dos pensamentos e a tolerância à frustração permitem desenvolver a capacidade de cada um para sonhar e comunicar com o outro, para que possam ocorrer as necessárias transformações.

É pela e na intersubjetividade, de forma empática e não intrusiva, com respeito e abertura para aprender com a experiência, com a ajuda de outras mentes, outros sentimentos e outros pensamentos, que podemos aproximar-nos da verdade e de uma reflexão responsável sobre o tipo de cuidados a oferecer às crianças e aos pais. É a história conjunta do bebê, dos pais, das educadoras e do observador que, num entrelaçado complexo, produz a fertilidade ou a infertilidade psíquica destes.

Nos dias de hoje, não parece plausível enviar as mulheres ou os homens para casa para cuidarem dos filhos. A creche, cumprindo uma função muito importante na subjetivação do bebê e no desenvolvimento da parentalidade, pode ser a melhor solução para as famílias. Porém, é necessário reconhecer que a creche não é um espaço inofensivo de subjetivação, no sentido de que se baseia numa separação, por vezes indesejada, entre um bebê ou uma criança pequenina e os pais (Mellier, 2010).

Majoritariamente, a entrada dos bebês numa creche depende do final do tempo de licença-maternidade, que, apesar de ter sido prolongado nos últimos anos, às vezes é demasiado curto. Um bebê de 4 meses pode não estar pronto para se separar, os pais podem não estar prontos para confiar seu filho a pessoas estranhas e, por seu lado, os profissionais, com frequência, negam o mal-estar que os invade. Os custos são elevados quer para o bebê, quer para os pais, quer, ainda, para os profissionais que ali trabalham. Nesse sentido, Mellier (2005, 2010) sublinha as perturbações psicossomáticas dos bebês anteriores à expressão das emoções e, ao contrário do que foi dito por Spitz há mais de trinta anos, refere que, para um bebê de 4 meses, a separação pode ser dez vezes mais difícil do que para outro de 8 meses.

Imersos em sensações – visuais, táteis, auditivas, mas também, e especialmente, olfativas, os bebês têm necessidade de experienciar e conectar dois mundos sensoriais diferentes: o de casa e o da creche (Mellier, 2005). A experiência de Montagner (1993) mostrou que um recém-nascido reconhece um algodão embebido no cheiro da sua mãe, diferenciando-o de outro embebido no cheiro de outra mulher. Se o cheiro é um sinal de reconhecimento, o mesmo se verifica com a voz. Por isso é tão importante que a separação decorra de forma lenta e gradual, que os pais permaneçam na creche com o filho durante algum tempo. Se de manhã é complicado, as mães e os pais estão com pressa e as separações são muito ansiosas, ao fim do dia, no momento da reunião, a mãe ou o pai podem demorar-se um pouco mais, podem entrar na sala do seu filho, familiarizar-se com as educadoras e auxiliares e com as outras crianças.

Quer os pais quer as educadoras podem sentir-se atormentados, por via de uma identificação regressiva com as crianças, pelas forças pulsionais, pelas agonias primitivas e pela angústia de separação. Não estão isentos de sentimentos e de angústias.

Uns ou outros podem sentir angústias perante a inveja e as potencialidades maternas que imaginam nos outros, ciúmes, sentimentos de perda e sentimentos de exclusão edipianos, apresentando defesas como um funcionamento operatório, o evitamento do contato emocional, o embotamento afetivo e a negação do sofrimento (Guerra, 2014).

Segundo Winnicott, a maioria dos técnicos que lidam com a criança e com os pais

> *não são especialistas nas questões relativas à intimidade, que são vitais tanto para a mãe quanto para o bebê. Nesse sentido, se começarem a dar conselhos sobre esta intimidade, estarão pisando em solo perigoso, pois nem a mãe, nem o bebê, precisam de conselhos. Em vez de*

conselhos, eles precisam de recursos ambientais que estimulem a confiança... (1957/1994, p. 22)

Desde que o bebê nasce, vive experiências que o confrontam com rupturas, descontinuidades, momentos de presença dos objetos que alternam com ausências. A ausência só será tolerável e maturativa se alternar com uma presença dentro de uma ritmicidade que garanta o sentimento de continuidade (Ciccone, 2011).

Nos últimos anos, a importância dos ritmos, biológicos e psíquicos, tem sido destacada em medicina, em psicologia, nas neurociências e em outras áreas do conhecimento. Sabe-se que, psiquicamente, o ritmo da presença-ausência configura no bebê uma das primeiras formas de inscrição da continuidade psíquica, criando um núcleo primário da sua identidade (Guerra, 2007). Se a mãe e outros cuidadores respeitarem os ritmos do bebê, procurarem entrar em consonância com ele, é a "ritmicidade conjunta", mas, se não o fizerem, podem ser observados procedimentos autocalmantes (Szwec, 1993), colagens sensoriais adesivas (Haag, 2005) e falsos *self* motores (Guerra, 2001, 2014).

É por meio de ritmos vividos intersubjetivamente com a mãe, o pai, os irmãos e outros familiares, equipe da creche e outras crianças que o bebê aprende a confiar. Mas tal só se torna possível desde que possamos cocriar com ele ritmos enriquecidos pela musicalidade da palavra-afeto, pelo brincar e pela presença de um outro, além da mãe. O desenvolvimento se faz à medida que a criança seja espelhada no rosto dos cuidadores e que suas vivências afetivas sejam traduzidas e transformadas (Guerra, 2014; Winnicott, 1971/1975, 1979/1983).

Assim, torna-se imprescindível criarmos um tempo e um espaço semanal de disponibilidade para a escuta dos pais, para a observação dos bebês, para nos reunirmos com os pais e com a equipe da creche. Todos esses momentos cumprem uma função muito importante em relação à subjetivação da criança, ao desenvolvimento da parentalidade e à contenção das angústias dos profissionais.

As questões à volta da separação nunca são simples. Há pais que mudam os filhos de creche para creche, projetando suas dificuldades nos técnicos; outros com dificuldades em criar rotinas só trazem os filhos alguns dias. A mudança de ritmos e a separação introduzida pela creche precipita os bebês a crescer rapidamente (podem começar a comer alimentos sólidos, a desenvolver uma certa presença), mas esse crescimento externo implica um tempo interno de integração. Por isso, cada bebê vive um tempo singular de adaptação à creche. Quando se mantém por muito tempo uma dificuldade na separação, é essencial perceber-se o que acontece ao longo do dia: no momento da refeição, no momento de dormir e nas brincadeiras com os outros.

Há crianças que chegam e não choram, mas fazem outro chorar, depois outro e outro. Outras não comem, não dormem ou não brincam. Não é com as crianças que choram mais que devemos nos preocupar, porque podemos estar presentes com elas e confortá-las. Dizemos que o choro é normal, faz parte do reportório da criança e, nesses casos, estamos num registro de comunicação em relação à criança. O mesmo já não é verdade para outro registro psíquico, o das ansiedades difusas. Antes que o bebê possa expressar-se por meio da angústia de separação, tem uma ansiedade primitiva. Isso significa que essa ansiedade não é flagrante, é um mal-estar (Mellier, 2010).

Esther Bick falou das defesas primitivas como modalidades que o bebê tem para se aguentar quando nada o rodeia. São experiências catastróficas muito frequentes, que todos vivemos como bebês. É comum observarmos que um bebê, recém-chegado, está muito tenso, e por isso olha para longe, para as luzes ou para um ponto fixo do berçário. Quando os bebês não estão bem, apegam-se a um ponto, como trapezistas sem rede. Mas outro bebê pode chegar com um olhar disperso. À sua volta, a mãe e a educadora, sem pensarem nele, tratam de funcionalidades, e ele, por não se sentir conectado com ninguém, tem as mãos fechadas e acaba, então, por se fixar num objeto.

Quando a criança é mais crescida, perante a separação da mãe, chora ou faz uma birra. Isso pode irritar-nos, mas sabemos que está lá. Outra, mais pequenina, que ainda não tem essas habilidades e está num registro arcaico, vai desenvolver modalidades corporais para se autossustentar, para se apoiar e se manter, a todo o custo, numa atividade de ser.

Enquanto a angústia é visível, a ansiedade primitiva é menos visível. No início e no fim do dia as crianças estão num grupo alargado, todas juntas. Às vezes, quando um bebê chora, os mais crescidos reconfortam as bonecas, cantam, dançam, correm, pois o bebê que existe neles está em perigo de chorar. O choro é transmissível e identificável. Se uma criança chora, algo chora nos outros.

Algumas crianças podem passar despercebidas; quando caem, parece que não sentem a dor e não choram, mas fazem o outro chorar e observam-no chorando. Não será porque dizem para si mesmas "ele sou eu e eu sou ele"? Eis um exemplo que se passou comigo: o Simão, um menino muito irrequieto que empurra e se atira para cima dos outros para fazê-los chorar, magoou propositadamente a Carolina enquanto eu observava o grupo. Chamei-o à parte, ele veio apreensivo, pensava que eu me ia zangar com ele ou repreendê-lo por ter feito a Carolina chorar, como faz a sua educadora. De olhos nos olhos, perguntei-lhe com uma voz tranquila: "O Simão está triste?". Ele ficou parado, perplexo, como se não compreendesse o que eu lhe dizia. Voltou rapidamente para o grupo. Dessa vez, é outro menino, parecido com ele na irrequietude, que o empurra e o magoa, então ele corre, vem até onde estou e me diz: "O Eduardo 'tá tiste'".

Quando, por várias razões, as crianças não conseguem chorar, isso não significa que não tenham necessidade de se libertar das suas tensões. São questões emocionais, difusas, vividas na intersubjetividade. Fazem o outro chorar, mas não fazem chorar qualquer um, vão procurar "o bebê que chora no outro", para encontrar "o bebê que chora neles" (Mellier, 2005).

É necessário estar muito atento a todos os registros não verbais. Se uma criança não puder se mobilizar para chamar o outro, cabe a nós estarmos presentes e garantir essa função de continente. No seu modo de ser, a criança, espontaneamente, quer fazer o outro chorar, mas pode sentir que nós também sentimos, e isso muda tudo. Poderá sentir-se menos obrigada a fazer o outro chorar por sentir que sentimos o que ela sente e que estamos lá, presentes (Mellier, 2010). Nas reuniões de pais e nas reuniões de equipe, ao pensarmos em conjunto, podemos ajustar nossas atenções e adquirir um olhar para além do que é visível na criança e em nós.

Então, para que a creche não se transforme num depósito de crianças, numa adaptação forçada à separação, é fundamental que a equipe possa fazer um trabalho permanente em relação aos sentimentos relativamente às crianças, para que a mobilização afetiva que implica o cuidar do *infans* seja um fator a serviço da criatividade, do acolher o gesto espontâneo, e não uma forma de submissão. Importa desenvolver uma tarefa de prevenção das dificuldades, por meio da implementação de reuniões e consultas terapêuticas, caso sejam necessárias, ou quando os pais as solicitem. Que os pais possam ser acompanhados nas suas funções materna e paterna, nas suas vicissitudes, crises e contradições. Só assim a creche poderá funcionar como um terceiro estruturante, na sua função de ponte que sustenta, une e separa (Guerra, 2007, 2014).

Ser e estar como psicanalista na creche é ter uma presença viva, simultaneamente implicada e reservada, capaz de sustentar e conter os diferentes psiquismos, sem *a prioris* e sem intrusões, poder atender a um pedido de ajuda implícito e, pela inclusão de observações contínuas, valorizar as capacidades da mãe, do pai, do filho e dos técnicos da creche, constituindo uma espécie de "psicoterapia na cozinha" (Fraiberg, Adelson, & Shapiro, 1999/2010, p. 255), num período de vida marcado por uma intensa mobilização psíquica. É deixar-se envolver por dinâmicas conscientes e inconscientes, que não são necessariamente apresentadas por palavras. É atender às projeções, às identificações projetivas, na transferência-contratransferência ou no agir da matriz intersubjetiva, atendendo cuidadosamente às reações sensoriais, sentimentos, pensamentos e *rêverie*.

Por esses motivos, defendemos a implementação da observação do bebê segundo Esther Bick e a integração de psicólogos clínicos com formação analítica nas creches que, conscientes das suas interferências e das suas limitações, desenvolvam um trabalho longitudinal e regular de atenção, abertura, contenção e eventual transformação das crianças, dos pais e dos restantes técnicos. Essa proposta insere-se numa verdadeira estratégia de prevenção no berço da civilização ou, no dizer de Missonnier (2007), no primeiro capítulo psicossomático da vida.

Segundo Bion (1992/2000), é a possibilidade de pensarmos e dialogarmos com o que é invisível para os olhos, de assumirmos as nossas emoções e a transitoriedade das nossas ideias, fazendo da vida um constante devir, transformando cada ponto de chegada num novo ponto de partida, que nos permite afirmar que é a capacidade de espera, de entrega ao desconhecido, de tolerância ao negativo, ou de tolerância à frustração perante o desconhecido, que pode trazer a beleza do novo, a calma e a confiança no futuro.

Assim, ao importarmos e exportarmos as aprendizagens e os benefícios que retiramos da experiência da observação da relação mãe-bebê na família segundo o método de Esther Bick para a creche, procuramos continuar a ser (com o outro e no interior de nós mesmos) continentes das emoções, dos momentos de sintonia-harmonia e dos de desarmonia e a refletir com outros, sem fazer julgamentos e sem retirar o lugar e a primazia aos pais.

Referências

Bick, E. (1964). Notes on Infant Observation in Psychoanalytic Training. *International Journal of Psychoanalysis*, 45(4), 558-566.

Bick, E. (1968). The Experience of the Skin in Early Object Relations. *International Journal of Psychoanalysis*, 49(2), 484-486.

Bion, W. R. (1991). *O aprender com a experiência*. (P. D. Corrêa, trad.). Rio de Janeiro: Imago. (Trabalho original publicado em 1962).

Bion, W. R. (2000). *Cogitations*. (E. H. Sandler, & P. C. Sandler, trads.). Rio de Janeiro: Imago. (Trabalho original publicado em 1992).

Briggs, S. (1997). *Growth and Risk in Infancy*. London: Jessica Kingsley.

Briggs, S. (2005). Psychoanalytic Research in the Era of Evidence-Based Practice. In M. Bower (Eds.), *Psychoanalytic Theory for Social Work Practice* (pp. 15-29). London: Routledge.

Ciccone, A. (2011). *La psychanalyse à l'épreuve du bébé: Fondements de la position clinique*. Paris: Dunod.

Cresti, L., & Lapi, I. (1997). O esboço da relação mãe-bebê e a instituição hospitalar: díade ou tríade. In M.-B. Lacroix, & M. Monmayrant (Orgs.), *A observação de bebês: os laços do encantamento* (pp. 149-162). Porto Alegre: Artes Médicas.

Druon, C. (1997). Como o espírito vem ao corpo das crianças em UTI Neonatal. In M.-B. Lacroix, & M. Monmayrant (Orgs.), *A observação de bebês: os laços do encantamento* (pp. 139-148). Porto Alegre: Artes Médicas.

Druon, C. (2005). *A l'écoute du bébé prématuré*. Paris: Flammarion. (Trabalho original publicado em 1996).

Ferreira, T. (2002). *Em defesa da criança: teoria e prática psicanalítica da infância*. Lisboa: Assírio & Alvim.

Fraiberg, S. Adelson, E., & Shapiro, V. (2010). Une approche psychanalytique des perturbations de la relation mère--nourrisson. In S. Fraiberg (Dir.), *Fantômes dans la chambre d'enfants* (Capítulo 7, pp. 245-292, A. Nataf trad.,). Paris: Le fil rouge. Presses Universitaires de France. (Trabalho original publicado em 1999).

Guerra, V. (2001). *Inquietud, síndrome de déficit atencional con hiperactividad y falso self motriz*. Trabalho apresentado no Congresso Psicoterapia en la era de las neurocienciencias. Gramado, Brasil.

Guerra, V. (2007). Le rythme entre la perte et les retrouvailles. *Spirale, 44*(4), 139-146. doi:10.3917/spi.044.0139.

Guerra, V. (2014). Indicadores de intersubjetividad 0-12: del encuentro de miradas al placer de jugar juntos (parte II). *Psicanálise. 16*(2), 411-435.

Haag, G. (2005). Temporalités rythmiques et circulaires dans la formation des représentations corporelles et spatiales au sein de la sexualité orale. In F. Richard, & F. Urribarri (Dir.), *Autour de l'œuvre d'André Green, enjeux pour une psychanalyse contemporaine* (pp. 181-192). Paris: PUF.

Hinshelwood, R. (2002). Applying the Observational Method: Observing Organizations. In A. Briggs, & D. Meltzer (Eds.), *Surviving space: Papers on Infant Observation* (pp. 157-171). London: Karnac Books.

Houzel, D. (2010). Infant Observation and the Receptive Mind. *International Journal of Infant Observation*, *13*(2), 119-133. doi: 10.1080/13698036.2010.487992.

Maiello, S. (2007). Containment and Differentiation: Notes on the Observer's Maternal and Paternal Function. *Infant Observation: International Journal of Infant Observation and Its Applications*, *10*(1), 41-49. doi: 10.1080/13698030701234715.

Martini, I. I. (2000). Em uma enfermaria de cardiologia pediátrica. In N. A. Caron (Ed.), *A relação pais-bebê: da observação à clínica* (pp. 233-248). São Paulo: Casa do Psicólogo.

Mellier, D. (2005). *Les bébés en détresse: intersubjectivité et travail de lien, une théorie de la fonction contenante*. Paris: Presses Universitaires de France.

Mellier, D. (2010). L'inconscient à la crèche: Dynamique des équipes et accueil des bébés. Toulouse: ERES. doi:10.3917/eres.melli.2007.01.

Missonnier, S. (2007). Le premier chapitre de la vie. Nidification parentale. Nidation foetale. *La Psychiatrie de l'Enfant*, *50*(1), 61-80. doi: 10.3917/psye.501.0061.

Montagner, H. (1993). *A vinculação: a aurora da ternura*. Lisboa: Instituto Piaget.

Reid, M. (2003). Clinical Research: The Inner World of The Mother and Her New Baby – Born in the Shadow of Death. *Journal of Child Psychotherapy*, 29, 207-226. doi:10.1080/007541703100 0138451.

Roussillon, R. (2004). La pulsion et l'intersubjectivité. *Adolescence*, 50(4), 735-753. doi:10.3917/ado.050.0735.

Rustin, M. (1989). Observing Infants: Reflections on Methods. In L. Miller, M. E. Rustin, M. J. Rustin, & J. Shuttleworth (Eds.), *Closely observed infants* (pp. 52-75). London: Duckworth.

Rustin, M. (2002). Looking in the Right Place: Complexity Theory, Psychoanalysis and Infant Observation. *International Journal of Infant Observation*, 5(1), 122-144. doi:10.1080/13698030208401653.

Stern, D. N. (1997). *A constelação da maternidade: o panorama da psicoterapia pais/bebê*. (M. A. V. Veronese, trad.). Porto Alegre: Artes Médicas. (Trabalho original publicado em 1995)

Sternberg, J. (2005). *Observation at the Heart of Training*. London: Karnac.

Szwec, G. (1993). Les procédés autocalmants par la recherche répétitive de l'excitation. Les gáleriens volontaires. *Revue Française de Psychosomatique*, 4, PUF.

Winnicott, D. W. (1994). A contribuição da psicanálise à obstetrícia. In D. W. Winnicott (Ed.), *Os bebês e suas mães* (J. L. Camargo, trad., pp. 61-71). São Paulo: Martins Fontes. (Trabalho original publicado em 1957).

Winnicott, D. W. (1975). *O brincar & a realidade*. (J. A. Abreu, & V. Nobre, trads.) Rio de Janeiro: Imago. (Trabalho original publicado em 1971).

Winnicott, D. W. (1983). *O ambiente e os processos de maturação: estudos sobre a teoria do desenvolvimento emocional.* (I. C. S. Ortiz, trad.). Porto Alegre: Artes Médicas. (Trabalho original publicado em 1979).

Wirth, F. A. (2000). Aplicação do método de observação de bebês em UTI Neonatal. In N. A. Caron (Ed.), *A relação pais-bebê: da observação à clínica* (pp. 207-231). São Paulo: Artes Médicas.

10. A observação de bebês em um contexto institucional

Norma Lottenberg Semer[1]

> *Todo recém-nascido escuta, desde a aurora de seu nascimento, sua própria história, contada por sua mãe e seu pai.*
>
> Soulé, 1987, p. 132

O objetivo deste trabalho é compartilhar a experiência de observação psicanalítica da relação mãe-bebê de respectivamente Thereza e Marianna, por meio do método Bick (1964) de observação e sua ampliação em um contexto institucional. Procuro discutir os benefícios desse tipo de investigação para o bebê observado, para o observador e, mais especificamente, o efeito desse método na instituição, sendo a observação uma aplicação terapêutica, conforme Houzel (1997), para quem o método de observação de bebês traz a importância da função de atenção.

---

[1] Psicóloga, membro efetivo da Sociedade Brasileira de Psicanálise de São Paulo (SBPSP). Psicanalista de crianças e adolescentes. Docente do Curso Introdutório à Psicanálise de Crianças e Adolescentes (CINAPSIA – SBPSP).

Penso que um indivíduo, sobretudo um bebê, uma criança ou um adolescente, precisa ser compreendido em um contexto; as crianças dependem emocionalmente dos adultos que cuidam delas, não vivem isoladas. A observação psicanalítica de um bebê é uma observação de alguém que, de um estado de extrema dependência, caminha para uma crescente autonomia, alguém que adquire uma mente própria, mas que ainda precisa de relacionamentos com a mente de adultos para que o crescimento venha a ocorrer.

Ao mesmo tempo, o fato de se passar por essa experiência contribui para o desenvolvimento da mente do observador, no sentido de tolerar o desconhecido, acessar memórias, sentimentos, possibilitar identificações, refletir e elaborar essas vivências e proporcionar *insights*. Para isso, é necessário que a experiência ocorra no sentido da observação direta com o bebê e sua família e que as vivências possam ser elaboradas em um grupo de supervisão que ofereça continência.

A marca principal deste trabalho foi a chegada de um bebê inesperado em uma família ainda não constituída e as vicissitudes dessa situação para o desenvolvimento da criança. A experiência compreendeu o período aproximado de um ano e meio, com algumas interrupções.

Impressões iniciais

Em nosso primeiro contato pessoal, no seu local de trabalho, Thereza se encontrava no sétimo mês de gravidez. Contou que a gravidez não foi planejada e que foi algo inesperado, pois estava se cuidando. Ficou assustada e chateada, pois não queria engravidar agora. Tinha planos de fazer faculdade e trabalhar em outra área, e teria que abrir mão desses sonhos por enquanto. Com 25 anos e muitos planos, já aceitou porque todo mundo na família aceitou, é uma família grande e muito unida, que lhe dá muito apoio. Explica, um pouco constrangida (para me informar não ser casada, eu suponho), que seu noivo também ficou feliz e que agora está morando na casa dela durante a semana, mas nos fins de semana ambos vão para a casa dos sogros. Conta, em seguida, que espera uma menina, que se chamará Marianna, nome de uma médica a quem admira. Teve uma situação difícil quando fez ultrassom aos cinco meses; havia uma suspeita de problemas renais, mas nada se confirmou.

Uma criança que chega inesperadamente, sem ter sido planejada em um casal que ainda não estava preparado, que precisava se constituir como casal e como indivíduo. Encontrei-me com uma mãe, que expressa sua necessidade de se constituir ainda como indivíduo adulto, como mulher, antes de se tornar mãe. De qualquer forma, não abortou sua filha, mas teve que abortar outros sonhos. Assim, vacila entre a idealização (nome da médica) e a perseguição (bebê com doenças). O fato de não ter o vínculo de casal nos põe diante da fragilidade de uma casa, bem como de uma mente. Thereza procurava um abrigo para si mesma, uma hospedagem mais acolhedora.

O bebê imaginário, bebê das fantasias conscientes e pré-conscientes da mãe, e o bebê real, na sua corporalidade, precisam se ajustar. A criança encontra seu lugar na família a partir da confrontação do bebê imaginário com o bebê real e da adaptação dos pais às necessidades do recém-nascido. A vida psíquica é uma cocriação entre o adulto e a criança e no momento da vinda ao mundo do bebê. Para Golse (2004), o que faz a diferença entre as partes natas e as partes não natas do bebê é o fato de já terem sido ou não contidas e transformadas no psiquismo do outro.

Em diversas situações também pude ter essa experiência, ou seja, não me sentia bem recebida na casa, não era informada caso houvesse um impedimento para o encontro; por vezes, eu aguardava no portão da rua, mesmo em dias chuvosos, até que alguém viesse me comunicar, de longe, com um gesto, uma negativa, ou seja, que aquele dia não seria possível a observação. Eu podia me identificar com Marianna no sentido de não ser aceita, não ser recebida com júbilo, alegria e encantamento, mas sim como um peso, um fardo, e essa experiência era muito diferente do lugar privilegiado da criança e do infantil para um psicanalista, tão bem expresso por Freud (1914/1988) na expressão "Sua Majestade, o Bebê".

Em várias outras ocasiões, o movimento da família, as conversas e brincadeiras dos primos, o tumulto dos adolescentes, as perguntas a meu respeito, a curiosidade sobre mim, dificultavam o foco mais direto na observação de Marianna. Isso sinalizava como ainda não havia lugar para um bebê nessa família. Assim, a minha presença também era estranha: como alguém poderia se interessar por esse bebê a ponto de estar lá toda semana para isso? Fortes sentimentos de desconforto e rejeição se tornavam intensos dentro de mim, eu realmente me sentia uma invasora de lares, mas, aos poucos, essas emoções davam lugar a percepções de que talvez dirigiam a mim os sentimentos relacionados à presença de um bebê inesperado em uma família tão numerosa e tão pouco discriminada.

Foi algo bem diferente de uma imagem cheia de idealizações ou encantamentos que sempre associei a esse momento, mas, por outro lado, tive a chance de aprender com essa vivência, bem como de desenvolver, dentro de mim, condições para pensar sobre o papel que um observador psicanalista pode ter e sua importância nessa situação. Nesse sentido, cabe também examinar as vicissitudes do papel da observadora. Percebi aqui como o trabalho com os bebês é tocante, há uma repercussão interna, em nossa fragilidade, sobretudo em nossas angústias primitivas. Ao mesmo tempo, a possibilidade de acessar zonas tão vulneráveis de nós mesmos é que possibilita esse trabalho, uma vez que estamos em sintonia com o bebê, com a função da atenção psíquica, conforme Bion assinala, e com a visão binocular, presente em todo o trabalho psicanalítico, para o bebê que ali está e para o bebê dentro de nós.

Observação 4: 24 dias

Chego ao portão, toco a campainha e um garoto de uns 12 anos vem abrir. Junto comigo, chegam duas moças que vão à mesma casa, estão muito animadas. Entro na casa e, em volta da mesa, vejo Thereza, sentada, com Marianna no carrinho, dormindo, com gorro e enrolada no cobertor e no xale. Thereza parece mais animada. Sorri ao me ver. Sento-me a seu lado, vejo como Marianna tem crescido. As moças falam sobre cabelo e roupas, e Thereza me informa que hoje é a formatura de ensino médio de uma das moças. Thereza lamenta não ir à festa, está muito frio para levar a nenê e ninguém vai ficar em casa, não tem com quem deixá-la. Marianna começa a se mexer, faz algumas expressões com a boca, entreabre os olhos, mexe as mãos, põe a mão na frente do olho. Abre os olhos, choraminga. Thereza pergunta se ela quer mamar, pega-a no colo e lhe oferece uma mamadeira que já estava sobre a mesa. A princípio Marianna põe a mão na frente da boca, depois pega o bico, mama e cospe. Thereza limpa sua boca. A prima liga o secador, há um barulho alto, e todas conversam sobre os penteados. Thereza me conta que todas lhe pedem ajuda, faz muito bem os penteados e a maquiagem. Enquanto isso, Thereza vai dando a mamadeira, olha um pouco para a nenê, mas está mais ligada na conversa do cabelo. Depois que termina a mamadeira, aconchega Marianna em seu colo, que se encolhe, com os bracinhos fletidos com força e destreza que me parecem precoces para uma menina tão pequena, e lá fica, dormindo.

Fico com a impressão de que ela se sente mais próxima das adolescentes do que de mulheres adultas, mães de família. Sente-se em desvantagem, não pode ir à festa. A grande formatura que ela não consegue fazer é dela mesma como mãe.

As condições não são favoráveis, nem para me receber, nem para receber esse bebê; eu pensava que o mal-estar que eu sentia era também o que Marianna representava para essa família e para sua mãe: um encargo, um peso, uma interrupção de outros sonhos e não a possibilidade de um vínculo que traga alegria. A menina não tem o rosto da mãe, que só olha para as primas, para as adolescentes, não tem em que se refletir, busca o contato pelas mãos fletidas. Ante as vivências de não integração, a flexão parece formar uma couraça, o *holding* que ela mesma se dá. Seria um enrijecimento da própria musculatura, já que não tem acesso ao rosto, ao olhar da mãe?

Observação 11: 2 meses e 24 dias

Ao chegar, dona Lourdes, avó da bebê, vem até o portão e me diz que Thereza não está, que foi resolver a vaga da Marianna na creche. Eu entro e fico na sala. Dona Lourdes sobe as escadas e eu permaneço na sala. Depois de uns quinze minutos, dona Lourdes desce as escadas e traz Marianna em seus braços, enrolada em cobertor e lençol. Está acordada, deitada. Está diferente, com brinco, o cabelo penteado para o lado. Olha para sua avó com atenção. Dona Lourdes fica em pé, balançando e embalando a menina para dormir. Para mim, parece bem acordada. Dirige o olhar para o ambiente, olha para os lados, me encontra. Olha para mim e fixa bem o olhar. Percebo que desperto o interesse dela e não resisto, sorrio para ela e ela sorri também. No entanto, como está sendo chacoalhada com certa intensidade, fica difícil de fixar o olhar. Mesmo assim, continua me olhando, pisca, levanta a mão, coloca-a na frente do rosto, abaixa-a. Faz alguns barulhinhos, mexe as mãos, balançando os braços. Parece contente. Tem uma chupeta presa em uma correntinha a sua roupa e, quando faz novamente os barulhinhos, a avó coloca a chupeta em sua boca. Ela cospe. Olha novamente para a avó, que responde a seu olhar, diz algo em uma voz baixa, um som repetido. Aos poucos, soa algo como "admiras", mas continuo sem compreender e fico bastante intrigada. Marianna olha fixamente para a avó, parece estar tão entretida quanto eu para decifrar o enigma!

Aos poucos, o som fica mais nítido para mim e consigo escutar: "Por que me miras? Por que me miras tanto?". Tem uma espécie de melodia também.

Lembro da contribuição de Lecourt (1990) sobre a existência de duas fases no envoltório sonoro: uma fase verbal e uma fase musical. Uma sonha, canta, vibra e ressoa, como um banho sonoro; a outra é articulatória e mais abstrata... porém, uma e outra são indissociáveis e complementares.

Marianna tinha acabado de acordar e já teve que dormir novamente. Foi uma situação bastante aflitiva para mim como observadora, tive vontade de interferir. Percebi que a avó a pôs virada para si e não pude mais olhar Marianna em seus olhos. Mas, ao mesmo tempo, pude ver uma avó cantando algo amoroso para sua neta, trazendo, quem sabe, uma história pessoal com emoção. Percebe que Marianna a olha com muita atenção e responde a esse olhar, a letra da canção denuncia a troca de olhares.

Aos 3 meses de idade de Marianna, sua mãe me comunicou que iriam fazer uma viagem e que precisaríamos interromper as visitas. Se eu quisesse prosseguir com as observações, eu poderia tentar na creche que Marianna frequentaria ao completar 4 meses.

A mim parecia que se sentia mais aliviada dividindo as responsabilidades da função materna, algo que lhe pesava muito. Fiquei surpresa com essa comunicação; embora soubesse que havia a possibilidade da creche, não imaginava que fosse tão cedo.

Consegui autorização para frequentar a creche após algum tempo de negociação. Um primeiro fato que me chamou a atenção foi a grafia do nome: Marianna com dois N, o que eu não sabia, nunca havia visto seu nome escrito, e na creche estava lá, em sua ficha de entrada, bem como em seu berço. Penso que a creche lhe dá uma identidade. Lá tem seu lugar, está no berçário dos pequenos no 2º andar e é a mais nova das crianças. A creche é parte de uma escola fundamental que vai até a 4ª série, destinada a funcionários de um serviço público. O berçário é um salão com algumas fileiras de berços, cada um com o nome da criança, uma parte do salão para brincadeiras, um outro compartimento com banheiras e trocadores e um pequeno terraço. Há uma rotina de atividades ligadas ao dia a dia, como as refeições, a hora de trocar, a hora da vitamina, a hora de dormir. Tive que me adaptar aos novos horários. Por exemplo, o almoço é às 10h30, e, toda vez que eu chegava, Marianna estava dormindo.

De modo geral, fui muito bem recebida por toda a equipe, desde o porteiro até a coordenadora da creche, bem como pelas cuidadoras responsáveis. O ambiente era amistoso, acolhedor e estimulante. É possível que o grupo de berçaristas funcionasse como continente das angústias, e o contraste entre a casa e a instituição era evidente. Desperto interesse e curiosidade das cuidadoras. Ao longo do tempo, sentem-se mais à vontade para expressar seus pensamentos. Percebo que ficam muito atentas a minha postura, como converso com Marianna, aos meus gestos e, aos poucos, a confiança se instaura a ponto de também me solicitarem atenção, aconselhamentos e orientação profissional. Sou recebida com alegria e sou incluída em todas as atividades. A observação se tornou, ao longo do tempo, uma observação participativa.

Cenas mais significativas da observação na creche

Observação 33: 11 meses e 3 dias

Assim que entro no berçário, noto que a configuração está diferente; a impressão é de uma trincheira de berços. Há um clima diferente, poucas crianças, silêncio, funcionárias desconhecidas para mim. São apenas 9h da manhã e as crianças estão sendo postas para dormir! Sou informada que, devido à greve do metrô, as funcionárias não chegaram, muitas mães nem vieram trabalhar e elas estão ali quebrando um galho. Vejo Marianna em pé no berço na última fileira. É como se eu tivesse sido capturada pelo seu olhar. Ela me vê, abre bem os olhos, sorri. Passa uma funcionária e Marianna está por segundos escondida, sem querer. Ela sai do lugar, se movimenta até o outro lado do berço para que eu volte a ficar em seu campo de visão. Assim ela me vê e mantém o olhar.

Dessa forma, vivemos um momento de encontro, fui capturada pelo seu olhar, a distância. No meio de tanta mudança e de pessoas desconhecidas, surge um rosto familiar, ela sorri e eu sorrio também, temos nossa cumplicidade.

Nesse mesmo dia, em outro momento, estamos sentadas próximas em um tapete com brinquedos. Ela fica bem perto de mim, levanta a barra da minha calça e toca a pele da minha perna, com os dedos na posição vertical, pressionando minha pele. Parece buscar algo, é um dia frio, sinto sua mão gelada.

Aqui, Marianna expressa sua vitalidade e necessidade, como se quisesse entrar dentro de mim, ter um lugar concreto, na pele, e não no tecido da roupa. Marianna busca aquilo de que necessita, está presente a capacidade para o desenvolvimento, o tropismo. Percebo assim o valor da observação; a relação com a observadora pode ser um modelo inspirador de vínculos que possam nutrir sua mente. Nesse sentido, a observação tem uma função preventiva ou mesmo terapêutica; esses aspectos estão implícitos na situação de observação.

Em uma observação recente, uma das cuidadoras vem conversar comigo para me contar que percebeu muitos progressos em Marianna, que acha que a "terapia" está sendo muito benéfica para ela, pois agora está muito risonha e tem vários amigos, as outras crianças gostam dela e antes era muito fechada, triste, não queria saber de ninguém. Em seguida, me pede ajuda para encontrar uma vaga de psicoterapia para si, pois, às vezes, chora sem parar e tem muita vontade de dizer umas coisas, acha que seria muito bom ter alguém para conversar.

Foi muito tocante perceber que, ao longo desse período, houve uma mudança significativa dentro de mim, na maneira como eu registrava Marianna. Se antes era a marca da não aceitação, da falta de encantamento, agora era a menina muito séria que aprendeu a sorrir.

Comentários

Penso que a observação foi muito útil para mim, no sentido do treino, do enriquecimento pessoal, mas que também teve um papel importante para Marianna e para as cuidadoras. O olhar psicanalítico, a atenção ao mundo interno, a postura de investigação e curiosidade aliados a uma condição amorosa são contagiantes; é uma experiência intensa e compartilhada por todas que a vivenciaram. Houzel (1997) assinala, ao examinar o processo terapêutico em crianças pequenas, que uma das funções terapêuticas é a identificação dos pais com a função observante do terapeuta. O autor observa, em seu trabalho, que um dos resultados desse processo é o desenvolvimento da função de observação dos pais à medida que passam a se interessar pela vida psíquica de seu filho. Penso que talvez algo semelhante tenha ocorrido na minha relação com as cuidadoras. Poderia considerar que a observação teve um efeito terapêutico, na medida em que Marianna tornou-se, ao longo do tempo, uma menina mais vitalizada.

O processo de observação, em um *setting* de constância e segurança, aponta para a direção de que é preciso um encontro significativo com um outro ser humano para que a mente e a vontade de viver, além da sobrevivência, possam florescer.

A psicanálise de adultos aparentemente tem privilegiado a comunicação verbal. Sem dúvida, a análise de crianças, de psicóticos, de pacientes com perturbações psicossomáticas tem sinalizado o caminho para levar em conta outras formas de comunicação, pré-verbal, motora, gestual, ideográfica. A observação de bebês é um excelente treino para o analista captar as nuances, as expressões do não verbal e, nesse sentido, muito contribui para a formação de um analista.

Referências

Bick, E (1964). Notes on Infant Observation in Psychoanalytic Training. *International Journal of Psychoanalysis*, 45, 558-566.

Bion, W. R. (1991). O aprender com a experiência. Rio de Janeiro: Imago. (Trabalho original publicado em 1962).

Bion, W. R. (1973). Atenção e interpretação. Rio de Janeiro, Imago. (Trabalho original publicado em 1970).

Freud, S. (1988). Sobre o narcisismo: uma introdução. In *A história do movimento psicanalítico, artigos sobre a metapsicologia e outros trabalhos* (pp. 81-108). Rio de Janeiro: Imago. (Edição Standard das Obras Psicológicas Completas de Sigmund Freud, v. 14). (Trabalho original publicado em 1914)

Golse, B. (2004). O que nós aprendemos com os bebês? Observações sobre as novas configurações familiares. In M. C. P Silva, & L. S. Ponton (Orgs.), *Ser pai, ser mãe. Parentalidade: um desafio para o terceiro milênio* (pp. 161-169). São Paulo: Casa do Psicólogo.

Houzel, D. (1997). Uma aplicação terapêutica da observação dos lactentes. In M.-B. Lacroix, & M. Monmayrant (Orgs.), *Observação de bebês: os laços do encantamento* (pp. 193-207). Porto Alegre: Artes Médicas.

Lecourt, E. (1990). La envoltura musical. In D. Anzieu (Ed.), *Las envolturas psíquicas* (pp. 209-232). Buenos Aires: Amorrortu.

Soulé, M. (1987). O filho da cabeça, o filho imaginário. In T. B. Brazelton et al. (Orgs.), *A dinâmica do bebê* (pp. 132-170). Porto Alegre: Artes Médicas.